westermann

Karibu

Sprachbuch 2

Erarbeitet von

Astrid Eichmeyer, Katja Eisenzapf,
Hannah Grönert, Steffi Lang,
Andrea Warnecke, Sabine Willmeroth

Unter Beratung von

Corinna Müller (Ilmenau)

Illustriert von

Matthias Berghahn, Michael Ciecimirski,
Svenja Doering, Gaby Jungkeit,
Silke Reimers

Inhaltsverzeichnis

Das bedeuten diese Zeichen:

- Wir arbeiten zu zweit.
- Wir arbeiten in einer Gruppe.
- Ich schlage in der Wörterliste nach.
- Ich recherchiere in Büchern oder im Internet.
- Ich arbeite im Das kann ich-Heft weiter.
- Murmelrunde
- Ich – Du – Wir
- — s. 126 Methoden

So kannst du die QR-Codes verwenden:

Anforderungsbereiche: 1 2 3 binnendifferenziert

Übungsheft/Fördern (ÜH/ÜH Fö), Kopiervorlagen (KV), Arbeitsheft inklusiv (Wir-Heft B), ÜH Fordern (ÜH FO)

In den Fußzeilen sind die Kompetenzen der jeweiligen Seite sowie digitale Kompetenzen aufgeführt.

Kompetenzbereich

Von Erlebnissen berichten

1 Erzähle.

2 Blättere durch das Buch. Auf welchen Seiten findest du Kari? Findest du auch Bu?

3 Was hast du in den Ferien erlebt?
- Erzähle.
- Male.
- Schreibe.

Sprechen und Zuhören

zu anderen sprechen: erzählen; verstehend zuhören: Hörtexte erfassen

• Wir-Heft B1, S. 4, 5

Laute und Buchstaben kennen

1 Erzähle. Sprich die Laute zu den Buchstaben genau.

Sprich genau
und höre genau!

2 Lies die Wörter mit den Anlauten.

 akete  öwe 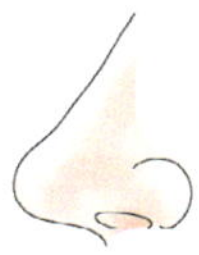 ase  ose  aus

 onne  eder 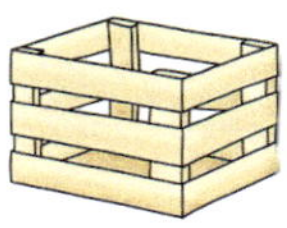 iste  abel  fo

3 Schreibe die Wörter aus 2 auf. Rakete, …

4 Setze die Anlaute ein und schreibe die Wörter auf. Stempel, …

 empel  inne 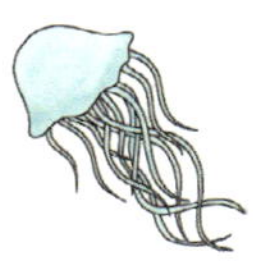 alle  eil  ro

 ent  af  to  ogel  l

Silben schwingen

1. Erzähle.

2. Schwingt die Wörter.

3. Setzt Silbenbögen zu den Wörtern aus 2.
Schreibt die Piloten auf. o a e

4. Schreibt die Wörter aus 2 auf.
Tomate, …

5. Schwinge und schreibe die Wörter auf. Paket, …

Wortgrenzen beachten

1. Schreibe die Wörter ab. Überprüfe mit Silbenbögen. Pflaster, …

Pflaster	Banane	Frosch	Melone	Krankenwagen
Taucher	Brille	Strom	Bratpfanne	Regenwurm

2. Worauf achtest du beim Abschreiben? Erzähle. S. 131

3. Finde die Wörter. Schreibe sie mit Silbenbögen ab. Fisch, …

4. Finde die Wörter. Schreibe sie mit Silbenbögen ab. Schwester, …

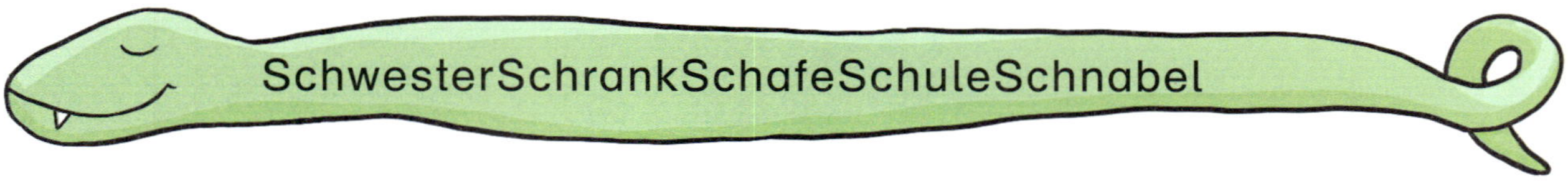

5. Finde die Wortgrenzen. Schreibe die Sätze richtig ab. Das finde …

6. Schreibe die Sätze richtig ab. Denke an die Wortgrenzen.
Wir sind …

WirsindinderzweitenKlasse.
KarigibtunsTipps.
SilbenschwingeichmitBu.

Miteinander sprechen

① Erzähle.

2 Wie sprecht ihr miteinander? Spielt vor.

Gesprächsregeln formulieren und anwenden

(1) Erzähle.

(2) Worauf achtest du beim Erzählen? Berichte. △

S. 126

Ich spreche …

Ich lasse …

(3) Worauf achtest du beim Zuhören? Berichte. △

Ich bin …

Ich schaue …

(4) Formuliere Gesprächsregeln.

• KV 1.1 – 1.5
• Wir-Heft B1, S. 10 – 13

zu anderen sprechen: erzählen;
mit anderen sprechen: Gespräche führen;
Gesprächsregeln entwickeln und beachten

Silben schwingen

1. Erzähle.

Die **Piloten** bekommen neue Namen.
Sie heißen jetzt **Vokale**.

2. Schwinge die Wörter. Schreibe sie auf. Banane, …

3. Schwinge die Wörter. Schreibe sie auf. Äpfel, …

Alle Piloten heißen jetzt **Vokale** (Selbstlaute).
a, e, i, o, u heißen Vokale.
ä, ö, ü heißen auch **Umlaute**.
au, ei, eu heißen auch **Zwielaute**.

4. Finde zu jedem Vokal eigene Wörter. Schreibe sie auf.

Sprache untersuchen

sprachliche Strukturen kennen und anwenden: Wörter in Silben gliedern; Vokale, Diphthonge, Umlaute markieren; Rechtschreibstrategien anwenden: Mitsprechen

- ÜH/ÜH Fö, S. 4
- KV 1.6–1.8
- ÜH FO, S. 4

Offene und geschlossene Silben unterscheiden

S. 126

① Die Kinder ordnen die Wörter.
Was fällt euch auf?

② Lies die Sätze. Setze dabei **Tafel** und **Tante** passend ein.

Bei ▬ steht ein Vokal am Ende der ersten Silbe.

Bei ▬ steht kein Vokal am Ende der ersten Silbe.

③ Schwinge die Wörter. Ordne sie wie in ①. A: Rabe, …

Rabe	Winter	baden	Hunde	reden	melden	helfen

Steht **ein Vokal** am Ende der Silbe,
ist die **Silbe offen**: Tafel.
Steht **kein Vokal** am Ende der Silbe,
ist die **Silbe geschlossen**: Tante.

④ Ist die erste Silbe offen oder geschlossen? Schwingt die Wörter.

• ÜH/ÜH Fö, S. 5
• KV 1.6–1.8
• ÜH FO, S. 5

sprachliche Strukturen kennen und anwenden: offene und geschlossene Silben kennen und anwenden; Rechtschreibstrategien anwenden: Mitsprechen

Wörter mit e, el, en mitsprechen

① Erzähle.

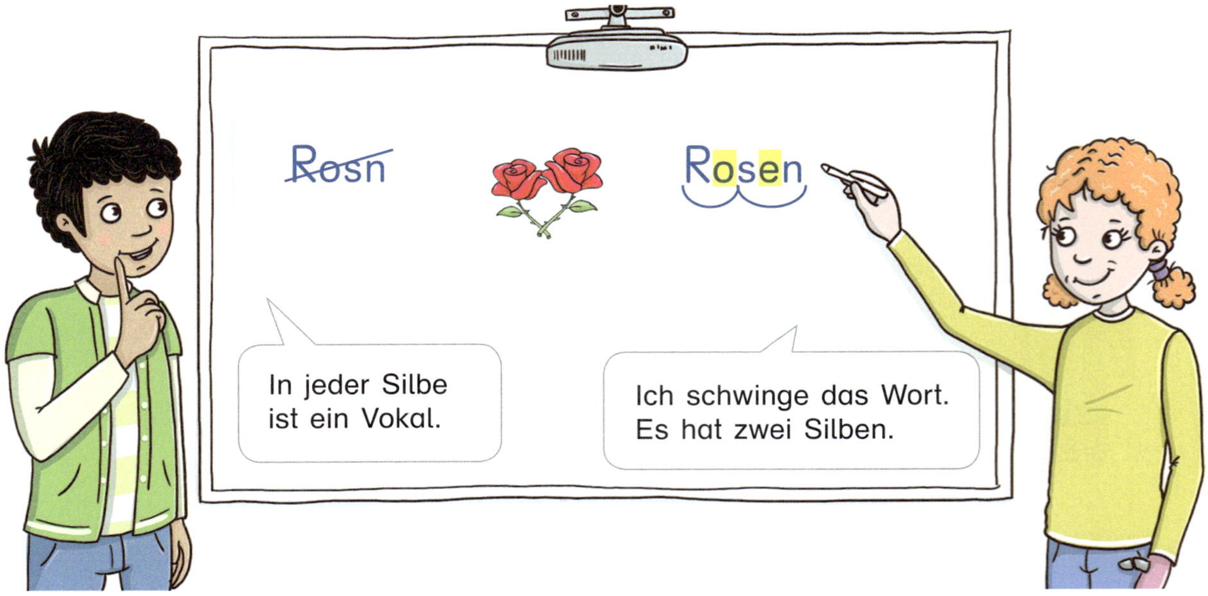

② Schwinge die Wörter. Schreibe sie mit Silbenbögen auf. Rosen, …

Ros_n	Apf_l	Pilz_	Neb_l	Brot_
Stuf_n	Stein_	Tor_	Kab_l	Gart_n

③ Markiere in deinen Wörtern aus ② den Vokal in der letzten Silbe. Was fällt dir auf? Erzähle. Rosen, …

④ Schwinge die Wörter. Schreibe sie auf. Schaukel, …

⑤ Schreibe weitere Wörter mit **e**, **el** und **en** am Ende auf.

rechtschriftliche Kenntnisse anwenden: Wörter mit -e, -el, -en schreiben;
Rechtschreibstrategien anwenden: Mitsprechen

- ÜH/ÜH Fö, S. 6
- KV 1.9–1.11
- ÜH FO, S. 6

Wörter mit er mitsprechen

1. Sprecht die Wörter. Was fällt euch auf?

2. Finde Wörter mit **er** am Ende.

3. Schreibe die Wörter auf. Markiere den Vokal in der letzten Silbe.

Kinder, ...

4. Schreibe weitere Wörter mit **er** am Ende auf.

5. Was stimmt? Untersuche die Wörter aus 3. Begründe.

Die 2. Silbe beginnt immer mit einem Vokal.	Ich höre **a** am Ende, aber ich schreibe **er**.
In der 2. Silbe ist der Vokal immer ein **e**.	Die Wörter klingen am Ende alle gleich.

- ÜH/ÜH Fö, S. 7
- KV 1.9–1.11
- ÜH FO, S. 7

rechtschriftliche Kenntnisse anwenden: Wörter mit -er schreiben;
Rechtschreibstrategien anwenden: Mitsprechen

Klassenregeln schreiben

(1) Lies Karis Klassenregeln. Erzähle.

(2) Welche Regeln gibt es in eurer Klasse? Berichtet.

S. 131 (3) Schreibe Regeln aus (1) ab.

(4) Finde weitere Regeln. Schreibe sie auf.

(5) Schreibe die Regeln ab. Sprich die Wörter dabei deutlich mit.

> Wir binden unsere Ufos an die Haken.
> Wir schweben langsam zur Tafel.
> Wir toben in der Pause auf dem Tisch.

Texte planen: Klassenregeln entwickeln;
Texte schreiben: nach Mustern schreiben (Klassenregeln);
Arbeitstechniken kennen und anwenden: Abschreibtechnik nutzen

- ÜH/ÜH Fö, S. 8
- KV 1.12
- Wir-Heft B1, S. 14–17

Klassenregeln schreiben

(1) Erzähle.

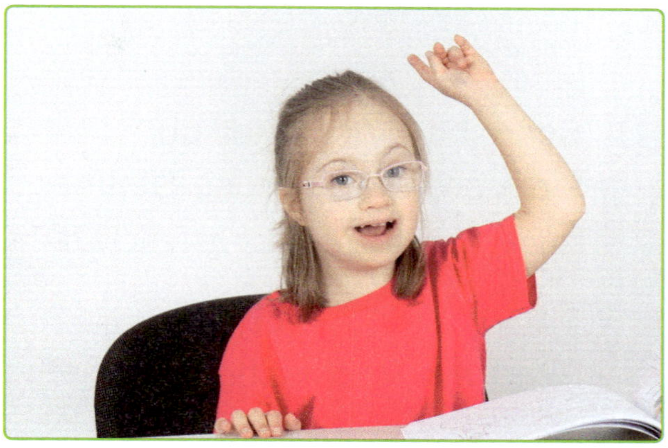

(2) Lest. Ordnet zu.

Wir hören zu, Wir melden uns, Wir sind Wir helfen

anderen. wenn jemand spricht. wenn wir etwas sagen wollen. leise.

Schreibe das erste Wort im Satz groß. Denke an den Punkt am Satzende.

(3) Schreibe die Klassenregeln aus (2) auf.
Wir hören zu, wenn jemand spricht.

(4) Finde weitere Klassenregeln. Schreibe sie auf.

(5) Stellt eure Klassenregeln dar. Fotografiert und präsentiert sie.

S. 128

- ÜH/ÜH Fö, S. 8
- KV 1.12
- Wir-Heft B1, S. 14–17

Texte schreiben: nach Mustern schreiben (Klassenregeln); Texte überarbeiten: anhand rechtschriftlicher Kriterien überarbeiten; präsentieren

Wörter mit e, el, en, er mitsprechen

S. 130
1. Lies die Wörter halblaut.
   Schwinge.

2. Schreibe die Wörter ab.
   Markiere die Aufpass-Stellen.
   Ende, …

S. 129
3. Führt ein Rechtschreibgespräch.

S. 131
4. Übe die Wörter als Schleichdiktat.

5. Setze die passenden Wörter ein.
   Schreibe die Sätze auf.

Grundwortschatz
Ende
Seife
Pfote
Schnabel
Windel
Daumen
Kuchen
Körper
Bruder
Schwester

Unser Hund hat eine verletzte ■.
Meine ■ bringt ihn zum Tierarzt.
Er zittert am ganzen ■.
Am ■ freut er sich über einen Knochen.
Wir essen lieber ■.

6. Setze die Häufigkeitswörter ein.
   Schreibe die Sätze auf.

Diese Wörter kommen häufig vor. Man nennt sie Häufigkeitswörter.

Ein Wort brauchst du zweimal.

Kari sucht Bu ■ dem Sofa.
Dort ist er ■ nicht.
Vielleicht ist er hinter ■ neben dem Ufo.
Bu ist ■ dem Ufo.

unter
oder
aber

7. Bilde Sätze mit Wörtern dieser Seite.

Üben mit Kari und Bu

Silben schwingen

(1) Schwinge die Wörter. Schreibe sie auf. Banane, …

(2) Schwinge die Wörter.
Schreibe sie auf.

erste Silbe offen	erste Silbe geschlossen
malen, …	Hunde, …

malen	Hunde	trampeln	Leute	Onkel	Vater	Palme	Hase

(3) Schwinge die Wörter. Schreibe sie in eine Tabelle wie in (2).

Wörter mit e, el, en, er mitsprechen

(4) Schwinge die Wörter. Schreibe sie auf. Hamster, …

Hamster	Bruder	Kater	Körper	Wimper	Vater	Hunger

(5) Schwinge die Wörter. Schreibe sie auf. Bügel, …

S. 128

(6) Schreibe Sätze mit Wörtern aus (5).

Über Interessen informieren

1 Erzähle.

2 Suche dir ein Kind auf dem Bild aus. Stelle es dar.
Die anderen raten.

zu anderen sprechen: informieren; verstehend zuhören: Hörtexte erfassen

- KV 2.1 – 2.5
- Wir-Heft B1, S. 20 – 23

Informationen notieren

① Lies und erzähle.

Ich heiße Leni.
Am liebsten
fahre ich Inliner.

Wir sind Arif und Tara.
Am Nachmittag spielen
wir Fußball.

Ich bin Sara.
Ich spiele jeden Tag
mit meinem Springseil.

Ich heiße Franz.
Ich fahre gerne
mit dem Fahrrad.

② Erzähle von deinen Hobbys. Ein anderes Kind schreibt auf.

Wer? Arif
Was? Fußball spielen
Wann? am Nachmittag
Mit wem? Tara

③ Legt eure Blätter in die Mitte und mischt sie. Ein Kind zieht ein Blatt und liest es ohne den Namen vor. Wer ist es?

④ Wie gut konntest du zuhören? Was nimmst du dir vor? Erzähle.

Ich habe das Kind angesehen.

Ich habe überlegt, wer es sein könnte.

Ich möchte beim nächsten Mal still sitzen.

Beim nächsten Mal …

zu anderen sprechen: informieren;
verstehend zuhören: Informationen wiedergeben;
Schlussfolgerungen ziehen

Nomen kennen und ordnen

① Ordne die Wörter zu. Erzähle.

Seil | Kind | Schaf | Rose | Ziege | Ball | Oma | Kaktus

Menschen

Tiere

Pflanzen

Dinge

Wörter für **Menschen**, **Tiere**, **Pflanzen** und **Dinge** heißen **Nomen** (Substantive). Auch Namen sind Nomen.
Nomen schreibst du groß: Kind, Schaf, Rose, Seil.

② Welche Wörter sind Nomen? Begründet.

TANTE	LIEST	BAUM	KLEIN	TISCH	WARM
ELEFANT	TASCHE	FREUND	GEGEN	BLUME	MAUS

③ Ordne die Nomen aus ② den Oberbegriffen zu.
Markiere in deinen Nomen den ersten Buchstaben.
Menschen: Tante, … Tiere: … Pflanzen: … Dinge: …

④ In jedem Satz ist ein Fehler. Schreibe die Sätze richtig auf.

Kari isst gerne bananen.
Bu mag lieber brot.
Heute frühstücken Bu und kari gemeinsam.
Es gibt Obst, Brot, saft und leckeren Tee.

⑤ Finde weitere Nomen zu den Oberbegriffen. Schreibe sie auf.

Bestimmten Artikel kennen

1 Erzähle.

2 Lest die Sprechblasen aus 1 noch einmal.
Welche Wörter stehen vor den Nomen? Erzählt.

Nomen können einen bestimmten **Artikel** (Begleiter) haben:
der Ball, die Tasche, das Seil.

3 Schreibe die Nomen mit Artikel auf. der Roller, ...

Roller	Birne	Kind	Saft	Nudel
Müsli	Sport	Hose	Spiel	Spieler
Bank	Essen	Tor	Junge	Banane

4 Schreibe die Nomen mit Artikel auf. die Melone, ...

5 Ordne die Nomen dieser Seite. Erkläre.

Nomen großschreiben

① Schreibe die Nomen mit Artikel auf. Markiere den ersten Buchstaben.
der Kürbis, …

② Lies die Wörter. Was fällt dir auf? Erzähle.

Zwischen **Artikel** und **Nomen** kannst du ein Wort schieben.

Mit dem **Schiebewort** findest du das **Nomen**.

der kleine Kürbis   die kleine Tomate   das kleine Brot

③ Welche Wörter sind Nomen?
Überprüfe mit dem Schiebewort **kleine**. das kleine Brot, …

BROT	EIS	IMMER	NUDEL
WEITER	FRUCHT	PFLAUME	APFEL
BIRNE	HIER	WURST	KÄSE
TRAUBE	KIRSCHE	GURKE	NIE

④ Finde Nomen. Überprüfe mit dem Schiebewort **kleine**.
das kleine Trikot, …

⑤ Schreibe lustige Sätze mit Nomen dieser Seite.

rechtschriftliche Kenntnisse anwenden: Nomen (Konkreta) erkennen und großschreiben;
Rechtschreibstrategien anwenden: Nomen großschreiben

- ÜH/ÜH Fö, S. 14
- KV 2.9
- ÜH FO, S. 11

Wörter mit St/st, Sp/sp, Qu/qu mitsprechen

1 Schwingt die Wörter. Schreibt sie auf.
Steine, ...

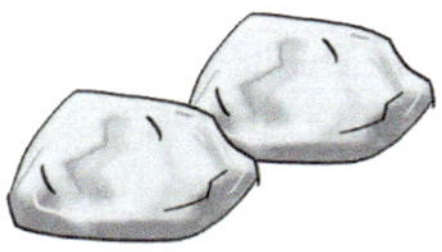

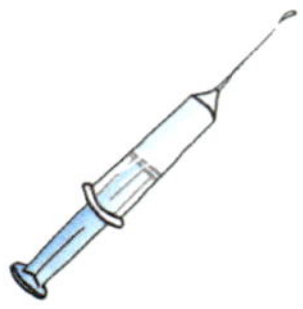

2 Setze **st** oder **sp** ein. Schreibe die Wörter auf. springen, ...

▬ringen	▬ellen	▬rechen	▬ielen	▬aunen	▬üren
▬ülen	▬azieren	▬ören	▬aren	▬eigen	▬inken

3 Finde weitere Wörter mit **St/st** oder **Sp/sp**. Schreibe sie auf.

4 Schreibe die Sätze ab. Markiere **Qu/qu**.

Der Frosch quakt an der Quelle:
„Quark mit Soße ist Quatsch!“
Die Kinder quietschen:
„Quallen im Wasser sind eine Qual!“
Die Ferkel quieken: „Qualm im Quadrat!“

5 Finde weitere Wörter mit **Qu/qu**. Schreibe sie auf.

6 Schreibe Quatschsätze mit den Wörtern dieser Seite. Trage sie vor.

7 Übe die Wörter dieser Seite als
- Spinnennetz.
- Partnerdiktat.
- Schleichdiktat.

S. 134

Einen Ich-Text schreiben

(1) Lies Karis Ich-Text. Erzähle.

Mein Ich-Text

Mein Name: Kari

Meine Klasse: 2b

Ich sitze neben: Kara

Ich arbeite gerne mit: Bu

Mein ♥-Fach: Planetenkunde

Mein ♥-Sport: Inliner fahren

Mein ♥-Essen: Ananas

Meine ♥-Farbe: Rot

Mein ♥-Tier: Katze

(2) Schreibe deinen Ich-Text.

(3) Was kann noch im Ich-Text stehen? Ergänzt.

(4) Gestalte deinen Ich-Text.

Mein Ich-Text
Mein Name: Salome
Meine Klasse: 2b
Ich sitze neben: Ole
Mein ♥-Spiel: Fangen

S. 128 (5) Stelle deinen Ich-Text vor.

Texte planen/schreiben: Ich-Text nach Mustern schreiben;
Texte überarbeiten: Ich-Text für die Veröffentlichung aufbereiten und präsentieren

- KV 2.13
- Wir-Heft B1, S. 24–27

Ein Akrostichon planen und schreiben

(1) Lies die Akrostichons. Erzähle.

F
R
A
N
Z

Springseil
Apfel
Rollschuh
Aprikose

Leni isst gerne
Erdbeereis. Sie mag
Nektarinen und fährt am liebsten
Inliner auf dem Schulhof.

(2) Wie heißen die Kinder aus (1)?

(3) Schreibe **KARI** untereinander auf.
Finde zu jedem Buchstaben ein Nomen, das zu Kari passt.

(4) Schreibe ein Akrostichon zu deinem Namen.

[5] Gestalte ein Akrostichon.

Forschen mit Kari und Bu

Wörter mit St/st, Sp/sp, Qu/qu mitsprechen

Grundwortschatz	
der	Stein
	stören
	staunen
der	Stift
	spülen
der	Sport
	springen
die	Spinne
der	Quark
	quaken

S. 130

1. Lies die Wörter halblaut.
Schwinge.

2. Schreibe die Wörter ab.
Markiere die Aufpass-Stellen.
der Stein, …

S. 129

3. Führt ein Rechtschreibgespräch.

S. 131

4. Übe die Wörter als Schleichdiktat.

5. Setze die passenden Wörter ein.
Schreibe die Sätze auf.

Bu schreibt mit dem ___ an die Tafel.
Die Kinder ___ vor Freude in die Luft.
Nun malt Kari eine ___ in ihrem Netz.
Die Kinder ___, wie toll Kari malen kann.
Nun zeigen sie beim ___, was sie alles können.

6. Setze die Häufigkeitswörter ein.
Schreibe die Sätze auf.

Kari schreibt einen Brief ___ Bu.
Kari malt dazu eine Spinne ___ Netz.
Kari kann malen ___ ein Künstler.
Bu kann quaken ___ ein Frosch.

wie
an
im

Ein Wort brauchst du zweimal.

7. Bilde Sätze mit Wörtern dieser Seite.

Grundwortschatz

Rechtschreibstrategie anwenden: Mitsprechen; Großschreibung; rechtschriftliche Kenntnisse anwenden: Funktionswörter schreiben; Arbeitstechniken anwenden: Rechtschreibgespräch

• ÜH/ÜH Fö, S. 17
• KV 2.15, 2.16
• ÜH FO, S. 14

Üben mit Kari und Bu

Nomen und bestimmte Artikel kennen

① Schreibe die Nomen mit ihrem bestimmten Artikel auf. der Ball, …

Ball	Milch	Wasser	Matte	Roller	Tor
Junge	Glas	Jacke	Saft	Karotte	Kind

② Welche Wörter sind Nomen?
Schreibe sie mit ihrem bestimmten Artikel auf. der Reis, …

REIS HÜPFT MÜSLI BIRNE LECKER RENNT SAFT

③ In jedem Satz ist ein Fehler. Schreibe die Sätze richtig auf.

> Oma kocht in der <u>küche</u> eine leckere Suppe.
> Sie schneidet Gemüse mit einem <u>messer</u> in kleine Stücke.
> Dann würzt sie die Suppe noch mit <u>salz</u> und Pfeffer.

Wörter mit St/st, Sp/sp, Qu/qu mitsprechen

④ Setze **Sp/sp** oder **St/st** ein. Schreibe die Wörter auf. die Spinne, …

■inne	■ringen	■ort	■itze	■reicheln	■ock
■rand	■iegel	■oßen	■ritzen	■empel	■aß
■aren	■ab	■unde	■ein	■olpern	■iel

⑤ Setze **Qu/qu** ein. Schreibe die Wörter auf. die Qualle, …

■alle	■älen	■elle	■aken	■ietschen	■alm
■ieken	■artett	■atschen	■engeln	■atsch	■ark

S. 128

STOPP

Von Erlebnissen erzählen

1 Erzähle.

2 Warst du schon einmal in einem Park? Erzähle.

3 Erfinde dein eigenes Baumhaus.
- Male.
- Baue.
- Bastele.
- Schreibe.

S. 128 4 Präsentiere dein Baumhaus.

Sprechen und Zuhören

zu anderen sprechen: von eigenen Erlebnissen erzählen;
vor anderen sprechen: Ideen präsentieren;
verstehend zuhören: Hörtexte erfassen

- KV 3.1 – 3.6
- Wir-Heft B1, S. 30 – 34

Eine Geschichte weitererzählen

① Betrachte das Bild. Lies die Geschichte.

Salome und Ole entdecken ein Baumhaus im Park.
Sie klettern hinauf.
Dort finden sie eine geheimnisvolle Kiste.
Neugierig öffnen die Kinder den Deckel.

② Was finden die Kinder in der Kiste? Überlege.

③ Was machen Salome und Ole nun? Überlege.

④ Erzähle deine Geschichte.

⑤ Gebt euch Rückmeldung.

- Ich konnte deine Geschichte gut verstehen.
- Dein Ende passt zum Anfang
- Ich gebe dir den Tipp …
- …

⑥ Was ist dir beim Erzählen deiner Geschichte gelungen?
Was nimmst du dir vor?
Ich achte bei meiner nächsten Geschichte darauf, …

Das Abc als Ordnungsprinzip kennen und nutzen

1. Bringe die Buchstaben in die Reihenfolge des Abc.
Schreibe sie auf. A B …

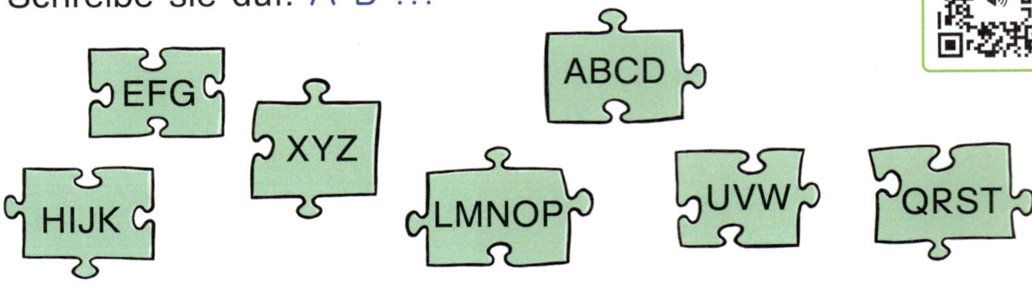

2. Findet die fehlenden Buchstaben.

Die Buchstaben **Aa Ee Ii Oo Uu** heißen **Vokale** (Selbstlaute).
Die anderen Buchstaben im Abc
heißen **Konsonanten** (Mitlaute).

3. Schreibt die Wörter auf Karten. Ordnet sie nach dem Abc.
Achtet auf den ersten Buchstaben.

Himmel Kind Sonne Feder Gans Nebel Meer

4. Schreibe die Wörter aus 3 geordnet auf.
Kreise den ersten Buchstaben ein. Ⓕeder, …

S. 133 5. Ordne die Wörter nach dem Abc. Schreibe sie auf.
Überprüfe mit der Wörterliste.

Wolke Wetter Wind Wurm Wald

A a
B b
C c
D d
E e
F f
G g
H h
I i
J j
K k
L l
M m
N n
O o
P p
Q q
R r
S s
T t
U u
V v
W w
X x
Y y
Z z

Sprache untersuchen — sprachliche Begriffe kennen und anwenden: Vokale und Konsonanten im Abc unterscheiden; sprachliche Strukturen anwenden: Wörter ordnen (Alphabet)

• ÜH/ÜH Fö, S. 20
• KV 3.8

Nomen: Einzahl und Mehrzahl bilden

(1) Welche Karten gehören zusammen? Erkläre.

 der Stein

 die Blume

 das Ufo

 die Blumen

 die Ufos

 die Steine

Die meisten **Nomen** (Substantive) gibt es in der **Einzahl** (Singular) und in der **Mehrzahl** (Plural): der Stein – die Steine.

(2) Schreibe die Nomen aus (1) in Einzahl und Mehrzahl auf.
der Stein – die Steine, …

(3) Bilde die Mehrzahl. Schreibe auf. 📖 der Weg – die Wege, … S. 133

Weg	Blitz	Zebra	Schirm	Fisch	Wolke	Tür	Stein
Feld	Uhu	Jacke	Straße	Stern	Schaf	Ufo	Auto

(4) Schreibe die Sätze ab. Setze Einzahl oder Mehrzahl ein.

Viele ▬ spielen auf dem Schulhof.
Die ▬ fährt in den Urlaub.
Der ▬ holt den Stock.
Zum Geburtstag bekommt Cleo viele ▬.

Geschenk
Hund
Familie
Kind

(5) Bilde die Mehrzahl der Nomen. Was fällt dir auf? Erkläre.

Tropfen	Gewitter	Gletscher	Kalender	Fenster

Wörter mit Doppelkonsonanten mitsprechen

① Erkläre.

② Schwingt die Wörter. Schreibt sie auf.

erste Silbe offen	erste Silbe geschlossen
raten, ...	Ratte, ...

raten Ratte offen Ofen Hüte Hütte knallen malen

Steht am Ende der Silbe ein Konsonant, ist die Silbe geschlossen. Hörst du nur einen Konsonanten, verdoppelst du ihn: Ratte, offen. Der Vokal klingt kurz.

③ Schwinge die Nomen. Schreibe sie auf. Brille, ...

④ Schreibe die Sätze richtig auf.

Kari und Bu schwi▮en im Freibad. Die Kinder re▮en zu Kari. Ole kle▮ert auf die Rutsche. Ein Vogel fla▮ert durch die Luft.

rechtschriftliche Kenntnisse anwenden: Wörter mit Doppelkonsonanz schreiben, offene/geschlossene Silbe erkennen; Rechtschreibstrategien anwenden: Mitsprechen

- ÜH/ÜH Fö, S. 22
- KV 3.9
- ÜH FO, S. 16

Wörter mit ie und i mitsprechen

1. Schreibe die Wörter ab. Setze Silbenbögen.
Markiere die Vokale in der ersten Silbe. Was fällt dir auf? △

Tiere – Tinte	fliegen – finden
Biene – Bilder	Lieder – Linde

2. Ordne die Wörter aus 1.

erste Silbe offen	erste Silbe geschlossen
Tiere, ...	Tinte, ...

3. **ie** oder **i**? Schwinge die Wörter. Schreibe sie auf. Schinken, ...

Sch_nken   Fl_ge   St_fel   W_ndel   F_ber   r_chen
w_nken   R_gel   S_lben   l_ben   s_ben   K_nder

Hörst du am Ende der Silbe **i**, schreibst du meistens **ie**: Tiere.
Die Silbe ist offen. Der Vokal klingt lang.

4. Schwinge die Nomen. Schreibe sie auf. Biene, ...

  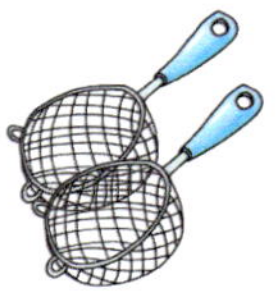 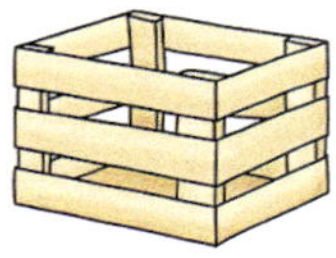   

5. Stimmt das? Begründe mit Beispielen.

In offenen Silben steht **ie**.
In allen Wörtern klingen **ie** und **i** gleich.
In geschlossenen Silben steht **i**.

- ÜH/ÜH Fö, S. 23
- KV 3.10, 3.11
- ÜH FO, S. 17

rechtschriftliche Kenntnisse anwenden: Wörter mit ie in der offenen Silbe schreiben;
Rechtschreibstrategien anwenden: Mitsprechen

Eine Abc-Liste schreiben

① Erzähle.

② Sammele auf Karten weitere Nomen. Nutze das Bild von Seite 28.

③ Ordnet eure Wörter untereinander nach dem Abc.
Legt Wortkarten mit gleichem Anfangsbuchstaben nebeneinander.

④ Finde Wörter zu fehlenden Buchstaben des Abc.

⑤ Wähle zu jedem Buchstaben ein Wort aus.
S. 133 Schreibe deine eigene Abc-Liste.

- KV 3.12
- Wir-Heft B1, S. 35–37
- ÜH FO, S. 18, 19

Eine Fünf-Finger-Geschichte schreiben

(1) Betrachte das Bild. Lies die Geschichte.

Sara und Ali spielen draußen.

Sie bauen ein Versteck.

Plötzlich hören sie ein Geräusch.

Die Kinder fürchten sich.

Es ist …

(2) Wie endet die Geschichte? Erzähle.

(3) Schreibe die Fünf-Finger-Geschichte mit deinem Ende auf.

(4) Besprecht eure Geschichten in einer Leserunde.
Gebt euch Rückmeldung.

S. 127

- Dein Ende passt zum Anfang.
- Ich finde dein Ende …, weil …
- Ich gebe dir den Tipp …
- …

(5) Schreibe deine eigene Fünf-Finger-Geschichte.

Forschen mit Kari und Bu

Wörter mit Doppelkonsonanten und ie mitsprechen

S. 130
1. Lies die Wörter halblaut.
   Schwinge.

2. Schreibe die Wörter ab.
   Markiere die Aufpass-Stellen.
   das Zimmer, …
   die Biene, …

S. 129
3. Führt ein Rechtschreibgespräch.

S. 132
4. Übe die Wörter als Wendediktat.

Grundwortschatz	
das	Zimmer
	kommen
	sollen
	rennen
die	Klasse
die	Biene
die	Fliege
das	Fieber
	liegen
der	Riese

5. Setze die passenden Wörter ein.
   Schreibe die Sätze auf.

Wir sollen in unseren Betten ▬.
Aber wir ▬ hin und her.
Mein Bruder weint in seinem ▬.
Eine ▬ hat ihn gestochen.
Unsere Eltern ▬ und trösten ihn.

6. Setze die Häufigkeitswörter ein.
   Schreibe die Sätze auf.

Kari spielt in der Pause ▬ Fußball mit der Klasse.
Doch Bu kann leider ▬ mitspielen.
Er sammelt lieber ▬ Murmeln ein.

alle
nie
immer

7. Bilde Sätze mit Wörtern dieser Seite.

Grundwortschatz

Rechtschreibstrategie anwenden: Mitsprechen, Großschreibung;
rechtschriftliche Kenntnisse anwenden: Funktionswörter schreiben;
Arbeitstechniken anwenden: Rechtschreibgespräch

• ÜH/ÜH Fö, S. 25
• KV 3.14, 3.15
• ÜH FO, S. 20

Wörter nach dem Abc ordnen/Einzahl und Mehrzahl bilden

1. Ordne die Wörter nach dem Abc. Schreibe sie auf. Ast, …

Wald	Sonne	Pinguin	Blume	Ast	Fluss	Esel
Haus	Matsch	Nachbarin	Rose	Tier	Zebra	Igel

2. Finde die Nomen im Text. Schreibe sie mit bestimmten Artikeln in Einzahl und Mehrzahl auf. der Junge – die Jungen, … S. 133

> Ein Junge und ein Mädchen gehen am Feld spazieren.
> Schau, dort ist ein Wurm! Oder ist es eine Raupe?
> Ich hoffe, es ist keine Schlange.
> Nein. Sieh doch. Es ist nur ein Stock.

Wörter mit Doppelkonsonanten und ie/i mitsprechen

3. Schwinge die Wörter. Schreibe sie auf. Markiere den Vokal in der ersten Silbe. Reifen, …

Feder	Reifen	Messer	Paddel	Butter
rollen	holen	Schaufel	Futter	legen

4. **ie** oder **i**? Sprich die Wörter in Silben. Schreibe sie auf. Kinder, …

K■nder	L■be	sp■len	S■lbe	Z■ge	Zw■bel
W■nter	s■ngen	T■re	K■ssen	kr■gen	W■se

5. Schwinge die Nomen. Schreibe sie auf. Fliege, …

    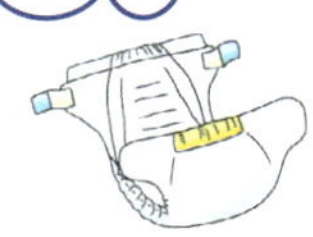  

S. 128

• ÜH/ÜH Fö, S. 26, 27
• Das kann ich, S. 6, 7

Inhalte des Kapitels wiederholen, eigenen Lernstand reflektieren

Gezielt nachfragen

(1) Erzähle.

(2) Stellt weitere Fragen.

3 Erfinde eine eigene Wundermaschine.

Sprechen und Zuhören

mit anderen sprechen: Gespräche führen; gezielt nachfragen; verstehend zuhören: Hörtexte / Gespräche erfassen

- KV 4.1 – 4.5
- Wir-Heft B1, S. 40 – 43

Fragen zu einem Thema stellen

① Die Kinder wollen Fragen zu Wundermaschinen stellen. Erzähle.

② Welche Gesprächsregeln sind für eine Befragung wichtig? △

③ Wie beginnt ihr eure Befragung? Überlegt euch Sätze.

④ Überlegt euch Fragen. Schreibt sie auf. Nutzt die **Fragewörter**.

- **Wie** heißt deine Maschine?
- **Was** kann deine Maschine?
- **Wie lange** arbeitet deine Maschine?
- **Warum** brauchst du …?
- **Wann** …?
- **Wie oft** …?
- **Wo** …?

⑤ Stellt einem anderen Kind eure Fragen. Nehmt die Befragung auf.

⑥ Denkt über eure Befragung nach. Erzählt.

Es hat gut geklappt, weil …

Alle Fragen wurden beantwortet.

Es hat war schwierig, weil …

Satzarten kennen

1. Erzähle.

O nein!

Da ist etwas abgefallen.

Was soll ich jetzt nur machen?

2. Lies die Sätze aus (1) vor. Betone so, dass man hört, mit welchem Satzschlusszeichen der Satz endet.

Am Ende eines **Aussagesatzes** steht ein **Punkt**. **.**
Am Ende eines **Fragesatzes** steht ein **Fragezeichen**. **?**
Am Ende eines **Ausrufesatzes** steht ein **Ausrufezeichen**. **!**

3. Lies. Schreibe die Sätze ab. Setze passende Satzschlusszeichen.
Was soll ich jetzt nur machen? …

1 Was soll ich jetzt nur machen?

2 Ich helfe dir.

3 Hast du eine Idee

4 Wir kleben es an

5 Wo ist mein Kleber

6 Du kannst meinen nehmen

7 Ach, da ist er ja

8 Super

4. Lest das Gespräch aus (3) betont vor.

5. Lies die Sätze vor. Erkläre die Unterschiede.

Es funktioniert.	Es funktioniert!	Es funktioniert?

Sprache untersuchen

sprachliche Begriffe kennen und anwenden: Satzarten kennen (Aussagesatz, Fragesatz, Ausrufesatz); Satzschlusszeichen kennen

- ÜH/ÜH Fö, S. 28
- KV 4.6
- ÜH FO, S. 21

Satzschlusszeichen setzen

① Erzähle.

② Lest den Text. Findet zu jedem Satz das Satzende.

Wir basteln Roboter Ich suche dafür Schachteln Wo ist der Kleber Du kannst noch Alufolie holen Wir brauchen auch noch Draht Damit können wir die Antennen biegen Ich lege Zeitungen auf den Tisch Aua, ich habe mich geschnitten Holst du mir bitte ein Pflaster

③ Wie hast du das Satzende in ② gefunden? Erkläre. △

④ Schreibe die Sätze aus ② richtig auf.
Markiere die Satzschlusszeichen. Wir basteln Roboter. …

Ich lese, bis die Wörter zusammen einen Sinn ergeben.
Dann setze ich ein Satzschlusszeichen.

⑤ Warum gibt es Satzschlusszeichen? Erkläre. △

⑥ Schreibe eine Satzschlange ohne Satzschlusszeichen.
Die anderen müssen die Satzschlusszeichen setzen.

- ÜH/ÜH Fö, S. 29
- KV 4.7, 4.8
- ÜH FO, S. 22

sprachliche Strukturen kennen und anwenden: Satzschlusszeichen nutzen (Punkt, Fragezeichen, Ausrufezeichen)

Satzanfänge großschreiben

1 Lest die Satzschlange vor.
Wo ist ein Satz zu Ende?

ich erfinde Spiele wir basteln dafür Karten das ist toll
wollen wir spielen kommst du mit ich hole die Würfel

2 Schreibe die Sätze aus 1 richtig auf.
Markiere die Satzschlusszeichen
und die Satzanfänge. Ich erfinde Spiele. ...

3 Lies den Text halblaut.

am Nachmittag treffen sich Toni und Merve
sie wollen etwas für ihre kranke Freundin Lola
basteln zuerst falten sie eine Karte
aus farbigem Papier dann schneidet jeder
aus rotem Papier ein Herz aus die Herzen
kleben sie auf die Karte sie schreiben
noch eine nette Nachricht an Lola
hinein ob Lola sich freut

4 Schreibe den Text aus 3 richtig auf. Schreibe die Satzanfänge groß.
Setze Satzschlusszeichen.

5 Stimmt das? Schreibe die Sätze richtig auf.

Ich schreibe den Satzanfang klein.
Am Satzende setze ich kein Satzschlusszeichen.
Nach Fragezeichen schreibe ich immer klein.

6 Untersuche Überschriften. Was stellst du fest?

rechtschriftliche Kenntnisse anwenden:
Satzanfänge großschreiben

• ÜH/ÜH Fö, S. 30
• KV 4.9
• ÜH FO, S. 23

Wörter mit ß und s mitsprechen

1 Schwinge die Wörter. Schreibe sie auf.
Markiere **ß** und **s**. Straße, …

Straße	Blase	Riese	Flöße	Grüße	Düse

2 **ß** oder **s**? Was fällt euch auf? Erklärt.

Zu Beginn einer Silbe klingt **ß** wie das Zischen einer Schlange: Straße.

Zu Beginn einer Silbe klingt **s** wie das Summen einer Biene: Blase.

3 Schwinge die Wörter.
Schreibe sie in eine Tabelle.

ß	s
grüßen	…

grü_en	Wie_e	gie_en	Rei_e	Na_e
flei_ig	sto_en	sau_en	Lo_e	hei_en

4 Schreibe die Wörter in deine Tabelle aus **3**.

5 **ß** oder **s**? Schreibe den Text richtig auf.

Toni und Merve grü_en Lola lei_e.
Lola liebt sü_e Spei_en.
Toni findet Lolas wei_e Blu_e toll.
Merve mag gro_e Ro_en.

6 Warum schreibst du er gießt mit **ß** und er saust mit **s**? Erkläre.

• ÜH/ÜH Fö, S. 31
• KV 4.10, 4.11
• ÜH FO, S. 24

rechtschriftliche Kenntnisse anwenden: Wörter mit ß/s am Silbenanfang schreiben;
Rechtschreibstrategien anwenden: Mitsprechen

Ein Rätsel planen und schreiben

(1) Lies und löse das Rätsel.

Das Gerät ist oft weiß.
Es braucht Strom.
Es steht oft in der Küche.
Es hat eine Tür.
Es kann kühlen.

(2) Sucht euch ein Gerät aus.
Schreibt eine Wörtersammlung zu eurem Gerät.

(3) Lest die Fragen.
Findet die Antworten
für euer Gerät aus (2).

Welche Farbe hat das Gerät?

Was braucht das Gerät?

Wo steht das Gerät?

Was hat das Gerät?

Was kann das Gerät?

(4) Schreibt ein Rätsel zu eurem Gerät.

(5) Was ist bei einem Rätsel wichtig? Erkläre.

Texte planen: Wörtersammlung anlegen
Texte schreiben: nach Mustern Rätsel schreiben

• ÜH/ÜH Fö, S. 32
• KV 4.12
• Wir-Heft B1, S. 44–47

Ein Rätsel überarbeiten

1 Lest. Was fällt euch auf? Erklärt.

> Man benutzt es draußen.
> Es kann den Rasen kürzen.
> Es hat Räder.
> Das Gerät ist oft grün.
> Es braucht Strom oder Benzin.

2 Überarbeitet das Rätsel aus 1 in einer Leserunde. S. 127

3 Überarbeitet euer Rätsel von Seite 44.

4 Schreibe dein Rätsel auf eine Karte. Gestalte sie.

5 Spielt mit den Karten aus 4 ein Rätselspiel.

6 Schreibe weitere Rätsel.

- ÜH/ÜH Fö, S. 32
- KV 4.13
- Wir-Heft B1, S. 44–47

Texte überarbeiten: Kriterien eines Rätsels überprüfen (Reihenfolge); rechtschriftliche Kriterien überprüfen; Leserunde durchführen (kooperativ)

Forschen mit Kari und Bu

Wörter mit ß und s mitsprechen

1. Lies die Wörter halblaut.
S. 130 Schwinge.

2. Schreibe die Wörter ab.
Markiere die Aufpass-Stellen.
fließen, ...

S. 129 3. Führt ein Rechtschreibgespräch.

S. 132 4. Übe die Wörter als Wendediktat.

5. Setze die passenden Wörter ein.
Schreibe die Sätze auf.

Grundwortschatz	
	fließen
die	Füße
	heißen
die	Grüße
	gießen
die	Straße
	sausen
der	Hase
die	Reise
die	Wiese

Auf unserer ▬ in den Süden reimen wir.
Zum Wort **reißen** finde ich das Wort ▬.
Lola reimt zu **brausen** das Wort ▬.
Ich sage zur **Nase** das Wort ▬.
Lola ruft **Riese** und ▬.

6. Setze die Häufigkeitswörter ein. Schreibe die Sätze auf.

In ▬ Woche sollen wir ein Rätsel schreiben.
Wir schreiben ▬ Rätsel ohne die Lösung auf.
Alle müssen ▬ raten.

also
unser
dieser

7. Bilde Sätze mit Wörtern dieser Seite.

8. Wann schreibst du ein Wort mit ß? Erkläre.

Grundwortschatz

Rechtschreibstrategie anwenden: Mitsprechen; Großschreibung; rechtschriftliche Kenntnisse anwenden: Funktionswörter schreiben; Arbeitstechniken anwenden: Rechtschreibgespräch

• ÜH/ÜH Fö, S. 33
• KV 4.14, 4.15
• ÜH FO, S. 26

Satzschlusszeichen setzen

① Schreibe die Sätze ab. Markiere Satzanfang und Satzschlusszeichen.

> Heute zeige ich meine Wundermaschine.
> O nein, da ist etwas abgebrochen! Wo ist mein Kleber?

② Schreibe die Sätze ab. Setze Satzschlusszeichen.

> Ich bastele ein Lesezeichen ▬
> Wo ist das bunte Papier ▬

> Das sieht toll aus ▬
> Ich schenke es Salome ▬

③ Schreibe den Text ab. Setze passende Satzschlusszeichen.

> Ich bin so aufgeregt Wir besuchen die Feuerwehr Ob wir das Martinshorn einschalten dürfen Herr Bolz erklärt uns die Ausrüstung Wir dürfen mit dem Feuerwehrauto fahren Hurra

Wörter mit ß und s mitsprechen

④ **ß** oder **s**? Schwinge die Wörter. Schreibe sie auf. Füße, ...

Fü▬e	bö▬e	bei▬en	flie▬en	gro▬e	Ha▬e
hei▬en	le▬en	Ra▬en	grü▬en	lei▬e	schlie▬en

⑤ Schreibe den Text ab. Setze Wörter mit **ß** ein.

> Die Blumen müssen wir regelmäßig ▬.
> Wir ▬ die Tür hinter uns.
> Am liebsten esse ich Nudeln mit ▬.

S. 128

STOPP

Gefühle erkennen und darstellen

① Erzähle.

② Wann fühlst du dich so? Erzähle.

Ich fühle mich **traurig**,
wenn ich meinen Helm verliere.

Ich fühle mich **fröhlich**,
wenn ich einen Salto fliege.

③ Sammelt weitere Gefühle. Überlegt euch Situationen.

④ Stelle die Situationen aus ③ dar. Gebt euch Rückmeldung.

An deinem Gesicht erkenne ich …

Deine Körperhaltung ist …

Deine Stimme klingt …

…

5 Erstelle ein Leporello zu deinen Gefühlen.

- Male.
- Schreibe.
- Male und schreibe.

Sprechen und Zuhören

zu anderen sprechen: erzählen; mit anderen sprechen: über Gefühle sprechen; vor anderen sprechen: Gefühle darstellen; verstehend zuhören: Hörtexte / Gespräche erfassen

- KV 5.1 – 5.5
- Wir-Heft B1, S. 50 – 53
- ÜH FO, S. 27

Gefühle ausdrücken und verstehen

1 Erzähle.

2 Wie fühlen sich die Kinder in 1? Beschreibt.

3 Sara möchte sich entschuldigen.
Was könnte sie sagen und tun? Erzählt.

4 Spielt die Geschichte nach.
Findet eine Lösung für den Streit.

5 Was ist dir bei einer Freundschaft wichtig?

Bestimmte und unbestimmte Artikel unterscheiden

① Erzähle.

② Ordnet die Sätze den Sprechblasen zu. Begründet.

Satz 1: Steffen darf sich **irgendein** Seil aussuchen.

Satz 2: Steffen möchte **ein ganz bestimmtes** Seil haben.

Nomen können einen Artikel (Begleiter) haben.
Es gibt **bestimmte Artikel**: der, die, das.
Es gibt **unbestimmte Artikel**: ein, eine.

S. 133 ③ Schreibe die Nomen mit bestimmten und unbestimmten Artikeln auf. das Kind – ein Kind, …

Kind	Tante	Familie	Onkel	Geschenk	Spiegel	Feier
Klasse	Lehrer	Zimmer	Freund	Kuchen	Oma	Buch

④ Schreibe den Text ab. Setze den bestimmten oder den unbestimmten Artikel passend ein.

Jan hat ▬ Puppe. ▬ Puppe ist blond.
Oma kauft ▬ Kleid. ▬ Kleid ist rot.
Auf dem Schulhof liegt ▬ Ball. ▬ Ball gehört Ole.

sprachliche Begriffe kennen und anwenden: bestimmte und unbestimmte Artikel (Begleiter) kennen und unterscheiden

• ÜH/ÜH Fö, S. 36
• KV 5.6
• ÜH FO, S. 28

Wortfamilien erkennen

1 Lest die Sätze. Was fällt euch auf? Erzählt.

> Ole ist Salomes bester <u>Freund</u>.
> Salome, Momo und Lola sind <u>Freundinnen</u>.
> Ole und Lola sind nicht <u>befreundet</u>.
> Lola findet Ole viel zu <u>unfreundlich</u>.

2 Schreibe die unterstrichenen Wörter aus 1 ab.
Welcher Teil ist gleich? Markiere in deinen Wörtern.

> Wörter mit demselben **Wortstamm** sind die **Verwandten** einer **Wortfamilie**:
> Freund, Freundin, befreundet, Freundschaft, freundlich.

3 Ordne die Wörter einer Wortfamilie zu:
RAT, HALT, MAL.
Markiere in deinen Wörtern den Wortstamm. RAT: ratlos, ...

ratlos	die Malerin	behalten	anhalten	das Rathaus	anmalen
beraten	die Haltestelle	das Malbuch	erraten	haltbar	ausgemalt

4 Schreibe die Wortfamilien auf. Welches Wort passt nicht?

stehen	verstehen	Stehplatz	streben	aufstehen
lieblich	lieber	Liebe	leider	Liebling
gehen	Gehweg	Gehstock	geben	aufgehen

5 Schreibe möglichst viele Wörter zur Wortfamilie SCHREIB auf.

Nomen mit Auslautverhärtung weiterschwingen

1 Erzähle.

2 Schwinge die Nomen weiter. Monde, also Mond mit d, …

Mond	Kind	Kleid	Schild	Feld	Bild	Leopard

Wenn du unsicher bist, wie du ein Wort
am Ende schreibst, **schwingst** du **weiter**.
Bei **Nomen** bildest du die **Mehrzahl**:
Hun t/d – Hunde, also Hund mit d.

3 **t** oder **d**? Schwinge die Nomen weiter. Freunde, also Freund mit d, …

Freun▮	Hu▮	Her▮	Aben▮	Pake▮
Sala▮	Zel▮	Lie▮	Mona▮	Unterhem▮

4 **t** oder **d**? Schwinge weiter. Schreibe den Text richtig auf.

Toni und sein Freun▮ lassen im Win▮ Drachen steigen.
Das Kin▮ hört einen Spech▮.
Auf einer Wiese sehen wir ein Pfer▮ und ein Rin▮.
Neben einem Fel▮ picken Spatzen Bro▮.

rechtschriftliche Kenntnisse anwenden: Nomen mit Auslautverhärtung schreiben (t/d);
Rechtschreibstrategien anwenden: Weiterschwingen

- ÜH/ÜH Fö, S. 38
- KV 5.9–5.11
- ÜH FO, S. 30

Nomen mit Auslautverhärtung weiterschwingen

(1) Erzähle.

(2) **k** oder **g**? Schwinge die Nomen weiter. Berge, also Berg mit g, …

Ber▇	We▇	Zwer▇	Ta▇	Zwei▇	Bur▇
Geschen▇	Fabri▇	Kru▇	Flu▇	Tei▇	Zu▇

(3) Welche Buchstaben gehören in die Lücken? Erkläre.
Schreibe die Nomen auf.

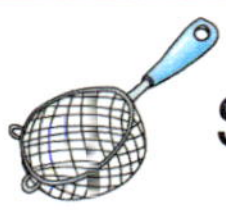 Sie▇ |  Kor▇ | 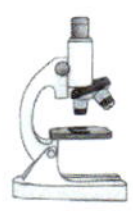 Mikrosko▇ |  Urlau▇

(4) Schwinge weiter. Schreibe den Text richtig auf. Jeden Tag …

Jeden Ta▇ sucht Familie Findenix etwas.
Oma sucht den Kor▇.
Jule sucht das neue Klei▇.
Leo sucht sein Mikrosko▇.
Opa sucht sein Sie▇.

(5) Welche Buchstaben fehlen? Schreibe die Wörter auf. Begründe.

Schil▇kröte We▇weiser Sta▇puppe

Eine Einladung kennen

(1) Erzähle.

(2) Was steht in einer Einladung?
Welche Informationen sind wichtig? Erkläre. △

Liebe Lola,
du bist herzlich zu meinem Geburtstag eingeladen.
Wir treffen uns am Samstag, dem 14.11.,
um 15 Uhr am Hallenbad in Peine.
Bringe bitte deine Schwimmsachen mit.
Ich freue mich auf dich!
Viele Grüße
Dein Remo

(3) Schreibe die Fragen ab
und beantworte sie.

Wer bekommt die Einladung?
Wozu wird eingeladen?
An welchem Tag wird gefeiert?
Um wie viel Uhr beginnt die Feier?
Wo findet die Feier statt?
Wie lautet der Gruß?
Wer hat die Einladung geschrieben?

(4) Remo möchte, dass Lola kommt. Woran erkennst du das? Erkläre.

Texte planen: Textmuster erschließen (Einladung); Schreibabsicht und Textfunktion klären

- ÜH/ÜH Fö, S. 40
- KV 5.12
- Wir-Heft B1, S. 54–57

Eine Einladung überarbeiten und schreiben

1. Lies die Einladungen. Erzähle.

2. Überprüft eine Einladung aus (1) mit Karis Checkliste von Seite 54.

3. Schreibe eine Einladung aus (1) richtig auf.

4. Plane eine eigene Einladung mit Karis Checkliste von Seite 54.

5. Schreibe eine eigene Einladung.

6. Führt eine Leserunde zu euren Einladungen durch. Beachtet Karis Checkliste von Seite 54.

S. 127

7. Überarbeite deine Einladung. Gestalte sie.

8. Wähle eine Einladung aus und schreibe eine Antwort.

- ÜH / ÜH Fö, S. 40
- KV 5.13
- Wir-Heft B1, S. 54 – 57

Texte schreiben: adressatengerecht und kriteriengeleitet eine Einladung schreiben; Texte überarbeiten: textsortenspezifische Kriterien nutzen; Leserunde durchführen

Forschen mit Kari und Bu

Nomen mit Auslautverhärtung weiterschwingen

S. 130

1. Lies die Nomen halblaut.
Schwinge.

2. Schwinge weiter. Schreibe auf.
Markiere die Aufpass-Stellen.
die Abende – der Abend, …

S. 129

3. Führt ein Rechtschreibgespräch.

S. 132

4. Übt die Nomen als Partnerdiktat.

5. Setze die passenden Nomen ein.
Schreibe die Sätze auf.

Grundwortschatz	
der	Abend
der	Hund
das	Kind
das	Pferd
der	Berg
der	Tag
der	Weg
das	Sieb
der	Urlaub
der	Dieb

In unserem ▬ erleben wir viele Dinge.
Wir steigen auf einen hohen ▬.
Ich reite auf einem schwarzen ▬.
Am ▬ sitzen wir am Lagerfeuer.

6. Setze die Häufigkeitswörter ein. Schreibe die Sätze auf.

Sara hat ▬ Geburtstag.
Ich überlege, ▬ ich ihr ein Pferd schenke.
Das Spielzeug kann ich ▬ Montag kaufen.

ab
bald
ob

7. Bilde Sätze mit Nomen dieser Seite.

8. Welche Buchstaben fehlen? Schreibe die Wörter auf. Begründe.

Bur▬mauer   Kor▬ball   Han▬stan▬

Grundwortschatz

Rechtschreibstrategie anwenden: Weiterschwingen; Großschreibung; rechtschriftliche Kenntnisse anwenden: Funktionswörter schreiben; Arbeitstechniken anwenden: Rechtschreibgespräch

- ÜH/ÜH Fö, S. 41
- KV 5.14, 5.15
- ÜH FO, S. 32

Wortfamilien kennen

1 Ordne die Wörter einer Wortfamilie zu. LIEG, LEUCHT, PUTZ.
Markiere den Wortstamm in deinen Wörtern. LIEG: der Liegestuhl, ...

der Liegestuhl	der Putzlappen	beleuchtet	der Leuchtturm
das Anliegen	der Hausputz	zurückliegen	leuchten
verputzen	die Beleuchtung	die Liegewiese	wegputzen

2 Welche Wörter gehören zu der Wortfamilie HÖR? Schreibe sie auf.

> Mila kann nicht gut hören. Aber mit ihrem Hörgerät kann sie gut zuhören. Mila hört gerne Krimigeschichten zum Einschlafen. Am spannendsten findet sie immer das Verhör des Verbrechers. Andere Hörbücher und Hörspiele mag sie aber auch.

Wörter mit Auslautverhärtung weiterschwingen

3 Schreibe die Paare auf. Winde, also Wind mit d, ...

Züge	Getränke	Gelder	Winde	Urlaube	Diebe
Wind	Dieb	Getränk	Zug	Geld	Urlaub

4 Schwinge weiter. Schreibe auf. Abende, also Abend mit d, ...

Aben__	Lie__	Hem__	Kin__	Hun__	Bil__
Zwer__	Sie__	Die__	Zwei__	Bur__	Ber__

5 Was stimmt? Schreibe den richtigen Satz ab.

Höre ich am Ende eines Wortes ein **t**, schreibe ich immer **d**.
Höre ich am Ende eines Wortes ein **t**, **p** oder **k**, schwinge ich weiter.

S. 128

STOPP

• ÜH/ÜH Fö, S. 42, 43
• Das kann ich, S. 10, 11

Inhalte des Kapitels wiederholen, eigenen Lernstand reflektieren

Zu einem Bild erzählen

① Erzähle.

② Sucht euch ein Bild aus. Erzählt eine Geschichte.

Fühlt euch in die Figuren ein.

Lasst die Figuren sprechen.

Verstellt eure Stimmen.

3 Gestaltet eure Geschichte.
- Spielt sie vor.
- Legt ein Bodenbild.
- Nehmt sie auf.

zu anderen sprechen: erzählen; situations- und adressatengerecht sprechen; verstehend zuhören: Hörtexte/Gespräche erfassen

- KV 6.1–6.5
- Wir-Heft B2, S. 60–63

Eine Geschichte erzählen

(1) Erzähle.

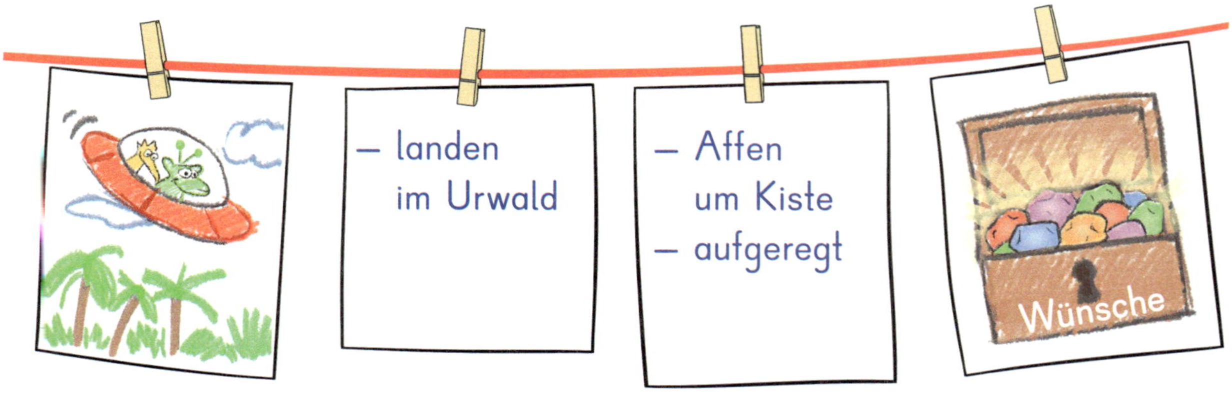

(2) Erzähle die Geschichte aus (1).
Verstelle deine Stimme.

Achte auf die Reihenfolge.

(3) Denke dir eine eigene Geschichte aus.
Plane wie in (1).

(4) Erzähle deine Geschichte.

(5) Gebt euch Rückmeldung.

Du hast die Reihenfolge beachtet.

Du hast deine Stimme passend verstellt.

…

Verben kennen

1. Erzähle.

2. Wählt ein Wort. Spielt es vor. Ratet.

reiten	springen	trinken	singen	malen	…

Verben sagen, was **jemand tut** oder was **geschieht**.
Verben haben eine **Grundform**: reiten, fliegen, trinken, brennen.

3. Sammele Verben. △ lesen, reiten, …

4. Schreibe Wir-Sätze mit den Verben aus 3.
Wir lesen in der Schule. Wir …

5. Schreibe Ich-Sätze mit Verben aus 3.
Ich kann gut lesen. Ich kann nicht gut reiten.

6. Schreibe den Text auf. Setze passende Verben ein.
Markiere in deinem Text die Verben.

> Die Kinder ___ Monster auf einen Zeichenblock.
> Auf einmal ___ die Monster von den Malblättern.
> Die Monster ___ ein lustiges Lied.
> Sie ___ grünen Schleim aus Flaschen.

• ÜH/ÜH Fö, S. 44
• KV 6.6–6.8
• ÜH FO, S. 33

Personalformen von Verben kennen

1 Lies. Untersuche die Verben. Was fällt dir auf? △

Ich <u>male</u> ein Monster. Du <u>malst</u> ein Monster. Er <u>malt</u> ein Monster.	Wir <u>malen</u> ein Monster. Ihr <u>malt</u> ein Monster. Sie <u>malen</u> ein Monster.

Verben verändern sich. Es kommt darauf an, **wer** etwas tut.
Personalpronomen sind: ich, du, er/sie/es, wir, ihr, sie.
Aus der **Grundform** werden **Personalformen**:
ich male, du malst, er/sie/es malt, wir malen, ihr malt, sie malen.
Die Endungen sind **Wortbausteine**.

2 Schreibe das Verb in den Personalformen auf. Markiere. ich renne, …

3 Schreibe Verben in allen Personalformen auf.

malen rufen reiten

4 Woran erkennst du Verben? Erkläre. △

tun machen Wortbausteine Endungen Personalpronomen

5 Was fällt dir auf? Beschreibe.

ich lese du liest er/sie/es liest wir lesen ihr lest sie lesen

Wörter mit ck und tz mitsprechen

1. Erkläre.

S. 133 2. Schreibe die Nomen mit bestimmten Artikeln auf. der Anspitzer, ...

3. Schreibt die Verben in der Wir-Form. wir sitzen, ...

4. Schwinge die Verben. Schreibe den Text richtig auf.

Clara will den Ofen hei z/tz en.

Ihre Hündin Kleo möchte neben ihr si z/tz en.

Clara will erst den Kuchen ba k/ck en.

Leise beginnt Kleo zu quie k/ck en.

5. Erkläre den Unterschied. er spukt | er spuckt

rechtschriftliche Kenntnisse anwenden: Wörter mit ck und tz schreiben;
Rechtschreibstrategien anwenden: Mitsprechen

- ÜH/ÜH Fö, S. 46
- KV 6.11
- ÜH FO, S. 36

Verben mit Doppelkonsonanten weiterschwingen

1 Erzähle.

Die Biene su(m/mm)t.

Ich schwinge weiter:
wir summen.
Die erste Silbe ist
geschlossen.

2 Schwinge die Verben weiter. wir summen – sie summt, …

sie su(m/mm)t	er be(l/ll)t	es wi(p/pp)t	sie schwi(m/mm)t	er ke(n/nn)t
es bre(n/nn)t	sie ho(f/ff)t	er begi(n/nn)t	es kna(l/ll)t	sie scha(f/ff)t

3 Schwinge weiter. Schreibe die Sätze richtig auf.

Lea ko(m/mm)t zum Spielplatz. Adin ro(l/ll)t den Ball.
Lea re(n/nn)t zu zwei Bäumen. Das so(l/ll) das Tor sein.

4 In jedem Satz ist ein Fehler. Schreibe den Text richtig auf.

Momo <u>rent</u> zum Ufo.
Sie <u>bekomt</u> einen Schutzanzug.
Schon <u>begint</u> der Flug mit Kari und Bu.
Ob sie wohl alle Planeten <u>kent</u>?

5 Schreibe mit Verben aus 2 Sätze in der Du-Form.
Du bellst wie ein Hund.

- ÜH/ÜH Fö, S. 47
- KV 6.9, 6.10
- ÜH FO, S. 35

rechtschriftliche Kenntnisse anwenden: Verben mit Doppelkonsonanz schreiben;
Rechtschreibstrategien anwenden: Weiterschwingen

Schreibideen auswählen

1 Lies und erzähle.

Nach einem langen Flug landet das Ufo in einem

Die Tür öffnet sich und ein/eine

steigt aus. In der Hand hält er/sie eine/einen

Er/Sie trifft ein Kind und sagt: „Ich habe mich verirrt.
Ich suche eine/einen

Kannst du mir helfen?“ Das Kind ruft: „Ja!“
Gemeinsam machen sie sich auf die Suche.

2 Wähle aus 1 Ideen für deine Geschichte aus.

3 Schreibe deine Geschichte auf.

4 Wie geht deine Geschichte weiter? Plane.

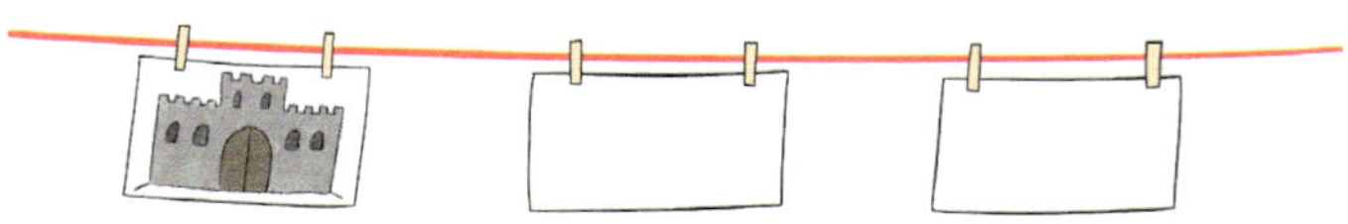

Texte planen: Schreibideen nutzen; Gliederung anfertigen (roter Faden); Texte schreiben: nach Anregungen eigene Texte schreiben

- ÜH/ÜH Fö, S. 48
- KV 6.12
- Wir-Heft B2, S. 64–67

Eine Fantasiegeschichte fortsetzen

1. Schreibe deine Geschichte von Seite 64 mithilfe deiner Planung zu Ende.

2. Finde eine Überschrift für deine Geschichte.

Der verschwundene Schatz

Das Versprechen des Königs

Die geheimnisvolle Flaschenpost

...

Eine gute Überschrift ist kurz und macht neugierig.

3. Führt eine Leserunde durch. Gebt euch Rückmeldung. S. 127

Ich kann deine Geschichte gut verstehen.

Achte auf die Reihenfolge.

Die Überschrift passt gut zu deiner Geschichte.

...

4. Schreibe eine neue Geschichte mit den Ideen von Seite 64. Führt eine weitere Leserunde durch.

5. Lest eure Geschichten vor. Nehmt sie auf.

5. Sammelt die Geschichten.

- ÜH/ÜH Fö, S. 48
- KV 6.13
- Wir-Heft B2, S. 64–67

Texte schreiben: eine Geschichte fortsetzen; Texte überarbeiten: Rückmeldungen für die Überarbeitung nutzen (Leserunde)

Verben mit Doppelkonsonanten weiterschwingen

S. 130
(1) Lies die Verben halblaut. Schwinge.

(2) Schwinge weiter. Schreibe auf. Markiere die Aufpass-Stellen.
wir schaffen – er schafft, ...

S. 129
(3) Führt ein Rechtschreibgespräch.

S. 132
(4) Übt die Verben als Partnerdiktat.

Grundwortschatz	
er	schafft
sie	hofft
es	stellt
er	füllt
sie	rollt
es	soll
er	kommt
sie	schwimmt
es	rennt
er	kennt

(5) Setze die passenden Verben ein. Schreibe die Sätze auf.

Adin ▬ einem Affen helfen.
Das Tier ▬ es nicht allein zur Burg.
Doch der Junge ▬ den Weg.
Der Affe ▬ mit Adins Hilfe zum Ziel.

(6) Setze die Häufigkeitswörter ein. Schreibe die Sätze auf.

Bu soll das Ufo putzen, ▬ es dreckig ist.
Bu überlegt, ▬ Kari kommt.
Sie können ▬ gemeinsam putzen.

wenn
wann
dann

7 Bilde Sätze mit Wörtern dieser Seite.

(8) Wie schreibst du die Verben? Begründe.

Kari si(z/tz)t im Garten. Bu ba(k/ck)t einen Kuchen.

Grundwortschatz

Rechtschreibstrategie anwenden: Weiterschwingen;
rechtschriftliche Kenntnisse anwenden: Funktionswörter schreiben;
Arbeitstechniken anwenden: Rechtschreibgespräch

• ÜH/ÜH Fö, S. 49
• KV 6.14, 6.15
• ÜH FO, S. 37

Verben erkennen und nutzen

① Schreibe ab. Unterstreiche die Verben in deinen Sätzen.

Lorik schreibt eine Geschichte über Riesen.

Ich besuche im Traum einen anderen Planeten.

Du holst dir ein Abenteuerbuch.

② Schreibe Verben in allen Personalformen auf.

hören	rollen	rennen	tippen	lachen	kommen	wischen

Verben mit Doppelkonsonanten weiterschwingen

③ Schreibe die Verben richtig auf. rennen, …

re n/nn en	beko m/mm en	begi n/nn en	ki p/pp en	sto p/pp en
bre n/nn en	schwi m/mm en	ti p/pp en	ste l/ll en	ro l/ll en

④ Schwinge die Verben weiter. Schreibe auf. wir rennen – er rennt, …

er re n/nn t	sie ste l/ll t	sie scha f/ff t	er wi p/pp t	sie ho f/ff t
er be l/ll t	sie ti p/pp t	es bru m/mm t	er ke n/nn t	es so l/ll

⑤ Schwinge die Verben weiter. Schreibe die Sätze auf.

Ein Ball ro l/ll t auf die Straße. Ein Junge re n/nn t los.

Oma sto p/pp t das Auto. Ein Hund be l/ll t.

S. 128

STOPP

Tiere genau beschreiben

① Erzähle.

② Suche dir ein Tier aus. Gib Tipps wie Bu. Ein anderes Kind rät.

3 Erstellt Rätselkarten und ratet.

zu anderen sprechen: erzählen, genau beschreiben; verstehend zuhören: Hörtexte / Informationen erfassen, Schlussfolgerungen ziehen

- KV 7.1 – 7.5
- Wir-Heft B2, S. 82 – 85

Fachbegriffe kennen und verwenden

1 Lies den Text. Beschreibe.

Haflinger sind braune Pferde mit heller Mähne und hellem Schweif. Sie werden bis zu 155 cm groß. Man muss das Fell der Tiere regelmäßig striegeln und ihre Hufe auskratzen.
Haflinger fressen Heu und Gras und brauchen etwas Kraftfutter.
Sie leben im Stall oder auf der Weide.
Außerdem brauchen Haflinger viel Bewegung.

2 Erkläre diese Fachbegriffe: **Schweif**, **striegeln**.

3 Ordne die Informationen aus 1 den Oberbegriffen zu. Schreibe Stichworte.
Name:
– Haflinger

Stichworte sind nur die wichtigsten Wörter.

4 Du möchtest in deiner Klasse über ein Tier berichten. Worauf musst achten?

5 Informiere dich über ein Tier. Schreibe Stichworte wie in 3. Erkläre Fachbegriffe.

Ein Fachbegriff ist ein Wort mit einer genauen Bedeutung: Haflinger, Schweif, striegeln.

6 Übt eure Tiervorstellung.

7 Stellt euer Tier vor. Gebt euch Rückmeldung.

Ich konnte dich gut verstehen.

Schaue öfter ins Publikum.

Du hast die Fachbegriffe gut erklärt.

...

- KV 7.1 – 7.5
- Wir-Heft B2, S. 82 – 85

vor anderen sprechen: mithilfe von Stichworten ein Tier vorstellen; Informationen nach Oberbegriffen strukturieren; Fachbegriffe nutzen; recherchieren

Adjektive kennen

① Erzähle.

② Beantworte die Fragen. Verwende die Wörter passend. Schreibe auf.
Wie ist der Hahn? Der Hahn ist bunt.

Wie ist der Hahn?
Wie ist die Maus?
Wie ist das Schaf?
Wie ist das Pferd?
Wie ist das Schwein?
Wie ist die Katze?

dick
klein
braun
bunt
weiß
schwarz

Adjektive sagen, **wie** etwas ist.
Wie ist der Hahn? Der Hahn ist bunt.
Mit Adjektiven kannst du etwas genauer beschreiben.
Sie verändern sich vor dem Nomen.
Der Hahn ist bunt. – der bunte Hahn

③ Unterstreiche die Adjektive in deinen Sätzen aus ②.

④ Wie können Tiere noch sein?
Sammele weitere Adjektive und schreibe sie auf.

Mit Adjektiven beschreiben und Gegensätze kennen

1. Was ändert sich bei dem Adjektiv? Erkläre. △

Der Hahn ist <u>bunt</u>.	Der <u>bunte</u> Hahn steht auf dem Mist.

2. Setze die Adjektive passend ein. Schreibe die Sätze auf.
Die Pfoten sind <u>klein</u>. Mein Tier läuft auf kleinen Pfoten.

Die Pfoten sind <u>klein</u>. Mein Tier läuft auf ▬ Pfoten
Das Fell ist <u>weich</u>. Mein Tier hat ▬ Fell.
Die Zähne sind <u>scharf</u>. Mein Tier hat ▬ Zähne.
Der Schwanz ist <u>lang</u>. Mein Tier hat einen ▬ Schwanz.

3. Überlege dir Rätsel wie in 2.

rund	groß
scharf	lang
braun	weich
klein	grau

Zu vielen Adjektiven gibt es einen Gegensatz.

4. Schreibe die Gegensatzpaare auf. laut – leise, kalt – …

laut	kalt	leicht	richtig	falsch	schwer	tief	neu	warm
alt	hoch	leise	dick	lang	schmal	dünn	breit	kurz

5. Schreibe Sätze mit den Gegensatzpaaren aus 4.
Der Tiger ist nicht <u>laut</u>, sondern <u>leise</u>.

6. Woran erkennst du Adjektive? Erkläre. △

wie ist …	Gegensatz

- ÜH/ÜH Fö, S. 53
- KV 7.7–7.9
- ÜH FO, S. 39

sprachliche Begriffe/Strukturen kennen und anwenden: Adjektive und Gegensätze kennen

Adjektive mit Auslautverhärtung weiterschwingen

1 Erzähle.

2 Schwinge weiter. der runde Ball, also rund mit d, …

rund 	wild 	blind 	blond 

3 **t** oder **d**? Schwinge weiter. die gesunde Katze – Die Katze ist gesund.

Die Katze ist gesun_.	Das Axolotl ist frem_.
Der Honig ist gel_.	Der Papagei ist bun_.

4 Schreibe Sätze. Das kluge Kind schreibt. – klug, …

klu $^{k}_{g}$ – Kind – schreiben	wil $^{t}_{d}$ – Tiger – brüllen
kran $^{k}_{g}$ – Hund – bellen	kal $^{t}_{d}$ – Eis – tropfen

5 Schwinge weiter. das schräge Dach, also schräg mit g, …

schrä $^{k}_{g}$ 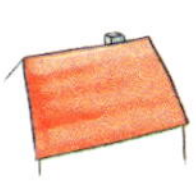	gro $^{p}_{b}$ 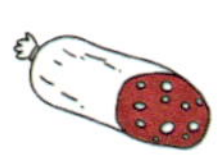	klu $^{k}_{g}$ 	tau $^{p}_{b}$ 

6 Wie schreibst du diese Wörter? Begründe.

trü_ ro_ mil_

rechtschriftliche Kenntnisse anwenden: Adjektive mit Auslautverhärtung schreiben;
Rechtschreibstrategien anwenden: Weiterschwingen

- ÜH/ÜH Fö, S. 54
- KV 7.10–7.12
- ÜH FO, S. 40

Wörter mit ie weiterschwingen

1 Welche Nomen sind verwandt? Schreibe sie auf. Briefe – Brief, …

Briefe	Spiele	Tiere	Ziele	Siebe
Tier	Sieb	Ziel	Brief	Spiel

2 Schwinge die Verben weiter. wir liegen – er liegt, …

er liegt	es riecht	sie liebt	er spielt
es fliegt	sie wiegt	er siebt	sie biegt

Auch bei Wörtern mit **ie** hilft Weiterschwingen. Achte auf die offene Silbe.

3 Schwinge die Adjektive weiter. das miese Wetter – mies, …

mies  | tief  | schief 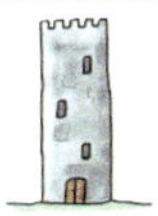 | fies  | lieb 

4 **ie** oder **i**? Schwinge weiter und schreibe auf. Diebe – Dieb, …

D_b	L_d	er sch_lt	sie s_gt	v_l	er z_lt
Pap_r	es kr_gt	sie fr_rt	St_r	t_f	sie n_st

5 **ie** oder **i**? Schwinge weiter und schreibe auf.

Ich schreibe einen Br_f.
Im Zimmer brennt L_cht.
Sonja l_bt das L_d.

Der kleine Vogel p_pt.
Ali erreicht das Z_l.
Das B_ld hängt sch_f.

6 Diese Wörter haben zwei Aufpass-Stellen. Erkläre.

das Sieb | er fliegt | lieb

Einen Steckbrief schreiben

① Lies die Texte.

Katzen werden 2 bis 5 kg schwer und bis zu 50 cm lang. Ihr Fell kann verschiedene Farben haben. Katzen werden häufig in der Wohnung gehalten. Nach einem Freigang draußen kommen sie wieder nach Hause. Gefüttert werden die Tiere mit Katzenfutter und frischem Wasser. Das Katzenklo säubert man täglich.	Steckbrief Name: – Katze Aussehen: – 2 bis 5 kg schwer – bis zu 50 cm lang – verschiedene Farben Haltung: – in der Wohnung – Freigang draußen – füttern – Katzenklo säubern Nahrung: – Katzenfutter – frisches Wasser

② Vergleicht die Texte aus ①. Was fällt euch auf?

③ Lies den Text.

Meerschweinchen werden 20 bis 35 cm groß. Sie haben kleine Ohren und kurze Beine. Es gibt sie mit kurzem oder langem Fell. Das Fell hat oft mehrere Farben. Die Tiere fressen fast den ganzen Tag. Am liebsten mögen Meerschweinchen Heu, Salat, Obst und Gemüse. Sie brauchen täglich frisches Wasser. Ihr Käfig sollte trocken sein. Die Tiere brauchen viel Auslauf. Meerschweinchen sollten nicht einzeln gehalten werden.

④ Ordnet die markierten Stellen den Oberbegriffen zu.

⑤ Schreibe einen Steckbrief über Meerschweinchen.

⑥ Was bedeuten **Oberbegriff** und **Stichwort**? Erkläre.

Texte planen: Informationen nach Oberbegriffen strukturieren; Stichworte schreiben; Textfunktion klären; Texte schreiben: Steckbrief nach Mustern schreiben

• ÜH/ÜH Fö, S. 56
• KV 7.13
• Wir-Heft B2, S. 86–89

Einen Steckbrief veröffentlichen

1. Lies den Steckbrief. Was fällt dir auf? Beschreibe.

2. Informiere dich im Internet oder in Büchern über ein Tier.

3. Schreibe einen Steckbrief über ein Tier.

Checkliste Steckbrief
- leserlich schreiben
- gut erkennbare Überschrift nutzen
- Oberbegriffe und Stichworte nutzen
- Bilder malen oder aufkleben

4. Gestalte deinen Steckbrief und präsentiere ihn. S. 128

5. Gebt euch Rückmeldung.

> Dein Steckbrief ist übersichtlich angeordnet.

> Die Informationen über dein Tier sind interessant.

> Auf dem Bild kann ich das Tier nicht gut erkennen.

> …

6. Erstellt eine Tier-Kartei für eure Klasse.

Forschen mit Kari und Bu

Adjektive mit Auslautverhärtung weiterschwingen

S. 130 ① Lies die Adjektive halblaut.
Schwinge.

Grundwortschatz
rund
fremd
wütend
wild
gesund
blond
gelb
lieb
halb
klug

② Schwinge weiter. Schreibe auf.
Markiere die Aufpass-Stellen.
der runde Ball, also rund mit d, ...

S. 129 ③ Führt ein Rechtschreibgespräch.

S. 131 ④ Übt die Adjektive als Partnerdiktat.

⑤ Setze die passenden Adjektive ein.
Schreibe die Sätze auf.

Kari und Bu sind … zu allen.
Kari gibt uns viele Tipps, denn er ist … .
Karis Bauch ist nicht eckig, sondern … .
Bus Federn sind … .

⑥ Setze die Häufigkeitswörter ein. Schreibe die Sätze auf.

Wir stellen … morgen unsere Steckbriefe vor.
Hoffentlich … wir bis dahin fertig.
Kari … Bu brauchen noch Zeit.

und
sind
schon

7 Bilde Sätze mit Wörtern dieser Seite.

⑧ Welche Buchstaben fehlen? Schreibe die Wörter auf. Begründe.

Frem…wort Schrä…dach Bun…specht

Grundwortschatz

Rechtschreibstrategie anwenden: Weiterschwingen;
rechtschriftliche Kenntnisse anwenden: Funktionswörter schreiben;
Arbeitstechniken anwenden: Rechtschreibgespräch

• ÜH/ÜH Fö, S. 57
• KV 7.14, 7.15
• ÜH FO, S. 42

Adjektive und Gegensätze kennen

1 Schreibe die Sätze ab. Unterstreiche die Adjektive in deinen Sätzen.

Das Tier ist klein und grau. Es hat einen langen Schwanz.
Das Tier ist stachelig. Es frisst leckere Schnecken.
Das Tier ist weich. Es hat kleine Ohren und kurze Beine.

2 Schreibe Gegensätze auf. groß – klein, ...

groß dick lang tief alt krank dumm billig

Wörter weiterschwingen

3 Schwinge weiter und schreibe auf. das kluge Kind, also klug mit g, ...

klu k/g 

kran k/g 

trü p/b 

gro p/b 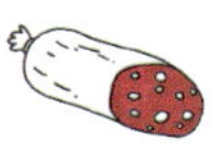

bun t/d 

wil t/d 

4 **ie** oder **i**? Schwinge weiter und schreibe die Sätze auf.

Das Ferkel qu__kt.
Eine Frau w__gt Kirschen.
Ein Junge s__ngt ein freches L__d.
Ein T__r tr__nkt Wasser.
Das K__nd sp__lt mit Pap__r.

S. 128

Von Lesegewohnheiten berichten

1 Erzähle.

2 Wo und wann lest ihr? Erzählt.

3 Was liest du gerne? Erzähle.

4 Buch oder Hörbuch? Was gefällt dir besser? Begründe.

5 Ihr wollt eure Bücher untereinander verleihen.
Denkt euch ein Ausleihsystem aus.

Buch:
Name:
Datum:

zu anderen sprechen: erzählen; mit Medien umgehen: von eigenen Lese- und Medienerfahrungen berichten; mediale Formen auf Basis von Interessen/Vorlieben auswählen

- KV 8.1 – 8.5
- Wir-Heft B2, S. 92 – 95

Über Leseerfahrungen sprechen

1. Erzähle.

2. Ordne die Bücher aus ① den Oberbegriffen zu.

3. Finde weitere Bücher zu den Oberbegriffen.

Bilderbuch
Sachbuch
Abenteuerbuch
Hörbuch

4. Ali stellt sein Buch vor. Erzähle.

Mein Lieblingsbuch
Titel: Der kleine Drache Kokosnuss im Weltraum
Autor: Ingo Siegner
Figuren: Kokosnuss und seine Freunde, der Fressdrache Oskar und das Stachelschwein Matilda
Das Buch gefällt mir, weil es spannend und lustig ist.

Mir gefällt das Buch, weil es spannend ist.

5. Wähle ein Buch aus. Stelle es vor. S. 128

6. Gebt euch Rückmeldung.

Du hast laut und deutlich gesprochen.

Sprich bitte langsamer.

Ich würde das Buch gerne lesen.

...

- KV 8.1 – 8.5
- Wir-Heft B2, S. 92 – 95

zu anderen sprechen: informieren;
mit Medien umgehen: Bücher vorstellen;
verstehend zuhören: Rückmeldung geben

Wortstämme erkennen

1. Was passiert mit dem Wortstamm? Erzähle.

ich helfe
die Hilfe
hilfsbereit

2. Schreibe die Wortfamilien auf. Markiere den Wortstamm.

gefunden	abbiegen	Wunsch	singen
Fundort	Bogen	wünschen	Gesang
Finder	gebogen	verwunschen	gesungen
finden	biegsam	gewünscht	vorsingen

In manchen Wörtern ändert sich der Vokal im **Wortstamm**:
helfen – die Hilfe, finden – der Fundort.

3. Finde weitere Wörter zu Wortfamilien aus 2.

4. Schreibe den Text ab. Markiere in deinem Text die Wörter mit dem Wortstamm ESS.

Lisa lädt ihre Freundin Clara zum Essen ein.
Sie decken gemeinsam den Esstisch.
Es gibt eine Suppe und einen Salat mit essbaren Blüten.
Clara isst gerne Tomaten. Sie sind ihr Lieblingsessen.
Das war lecker. Lisa und Clara haben alles aufgegessen.

5. Woran erkennst du eine Wortfamilie? Erkläre.

sprachliche Strukturen kennen und anwenden: Wortfamilien und Wortstammänderungen kennen; Möglichkeiten der Wortbildung nutzen (Wortfamilie)

• ÜH/ÜH Fö, S. 60
• KV 8.6
• ÜH FO, S. 43

Vorsilben kennen

1 Lies die Verben. Was fällt dir auf? Erzähle.

abschreiben aufschreiben unterschreiben anschreiben mitschreiben

2 Was bedeuten die Verben aus 1? Erklärt.

Vorangestellte Wortbausteine heißen **Vorsilben**.
Sie verändern die Bedeutung von Wörtern.
schreiben: [ab]schreiben, [auf]schreiben, [unter]schreiben

3 Bilde mit den Wortbausteinen neue Verben.
Schreibe auf. [weg]laufen, …

Vorsilben schreibst du immer gleich.

weg		
ver		
nach	lauf	en
vor		
über		

ein		
ab		
aus	schneid	en
weg		
zer		

4 Schreibe den Text ab. Setze die passende Vorsilbe ein.

In den Ferien möchte Lenas Familie ver / weg fahren. Lena möchte alle Kuscheltiere ein / weg packen. Sie hat ihre Bücher über / ver sehen. Wie soll Papa ihr jetzt etwas nach / vor lesen?
Der Koffer ist so voll. Keiner kann ihn mehr zu / ab machen.

5 Bilde Sätze mit Wörtern aus 3.

• ÜH/ÜH Fö, S. 61
• KV 8.7, 8.8
• ÜH FO, S. 44

sprachliche Strukturen kennen und anwenden: Vorsilben kennen; Möglichkeiten der Wortbildung nutzen (Vorsilben)

Nomen mit ä und äu ableiten

① Erzähle.

② Welche Nomen sind verwandt? Schreibe sie auf.
die Nacht – die Nächte, …

Nacht Ast Schwanz Apfel Laus Bauch Kraut Schlauch	Äste Nächte Äpfel Schwänze Bäuche Kräuter Läuse Schläuche

Viele Wörter mit **ä** und **äu** haben ein verwandtes Wort mit **a** oder **au**. Du kannst die Wörter ableiten:
die Bank – die Bänke, die Maus – die Mäuse.

③ Leite die Nomen ab. Schreibe sie auf. die Hand – die Hände, …

④ Schreibe die Sätze ab. Setze **ä** oder **äu** passend ein.

Lea hat für ihre Hamster zwei N___pfe.
Für einen schneidet sie ___pfel in kleine Stücke.
In den anderen legt sie einige Bl___tter Salat.
Kr___ter vertragen ihre Hamster nicht.

rechtschriftliche Kenntnisse anwenden: Nomen mit ä und äu schreiben, verwandte Nomen finden; Rechtschreibstrategien anwenden: Ableiten

- ÜH/ÜH Fö, S. 62
- KV 8.9, 8.10
- ÜH FO, S. 45

Wörter mit ä und äu ableiten

① Erzähle.

② Leite ab. Schreibe die Sätze richtig auf.

Der Postbote tr(e|ä)gt Post in die H(eu|äu)ser.
Vater sch(e|ä)lt die (E|Ä)pfel.
Oma kauft ein Gem(e|ä)lde.
Mutter schneidet leckere Kr(eu|äu)ter.
Der G(e|ä)rtner bew(e|ä)ssert die Str(eu|äu)cher.

Diese Wörter helfen dir.

Strauch	Apfel	Haus
Wasser	malen	Schale
tragen	Kraut	Garten

③ Schreibt verwandte Wörter mit **a** und **au** auf. S. 133

die Qual – quälen, …

quälen	täglich	träumen	Gewässer
Jäger	läuten	Rätsel	männlich
Schläger	gezählt	Stängel	bläulich
säubern	Käufer	Säugling	schäumen

Verwandte Wörter sind Nomen, Verben oder Adjektive.

④ Schreibe die Wörter richtig auf. Begründe.

f(e|ä)lschen aufr(eu|äu)men Br(e|ä)zel F(eu|äu)er Gesch(e|ä)nk sch(eu|äu)men

rechtschriftliche Kenntnisse anwenden: Wörter mit ä und äu schreiben, verwandte Wörter finden; Rechtschreibstrategien anwenden: Ableiten

Eine Geschichte planen und schreiben

(1) Erzähle.

- Pause
- eingeschlossen
- Hilfe
- ...

(2) Lest. Erzählt euch die Geschichte.

Thema	Eingeschlossen in der Toilette
Anfangssatz	In der Pause spielt Ronja mit anderen Kindern Verstecken.
Was passiert?	Ronja versteckt sich auf der Toilette. Die Tür klemmt. Ronja kniet sich auf den Boden und schaut unter der Tür durch. Sie hört, wie die anderen Kinder nach der Pause zurück in die Klasse laufen.
Was passiert?	Was könnte Ronja unternehmen? • Ronja fängt an zu weinen, weil sie Angst hat. • Ronja ruft um Hilfe und klopft an die Tür. • Ronja versucht, die Tür aufzubrechen. • Ronja öffnet das Fenster.
Was passiert?	Wie wird Ronja befreit? • Kinder kommen auf die Toilette und hören Ronja. • Die Lehrerin sucht Ronja und findet sie. • Die Hausmeisterin findet Ronja nach der Schule. • ...
Ende	Denke dir ein eigenes Ende aus.
Überschrift	Denke dir eine eigene Überschrift aus.

(3) Schreibe die Geschichte. Nutze die Ideen aus (2).

Texte planen: Ideen entwickeln; Inhalte strukturieren (Schreibplan); Texte schreiben: auf Basis von Schreibimpulsen einen eigenen Text schreiben

- ÜH/ÜH Fö, S. 64
- KV 8.11
- Wir-Heft B2, S. 96–99

Eine Geschichte überarbeiten

(1) Lies die Geschichten.

Eingeschlossen In der Pause spielt Ronja mit anderen Kindern Verstecken. Sie versteckt sich auf der Toilette. Keiner findet sie. Dann klingelt es und die Pause ist zu Ende. Ronja hat gewonnen. Die Tür geht nicht mehr auf. Die Hausmeisterin befreit Ronja. Sie geht in ihre Klasse. Momo	Eingeschlossen In der Pause spielt Ronja mit anderen Kindern Verstecken. Sie versteckt sich auf der Toilette. Ihr ist ein bisschen unheimlich, denn sie ist ganz alleine. Keiner findet sie. Plötzlich klingelt es. Die Pause ist zu Ende. Es ist still. Alle sind in ihren Klassenräumen. Ronja ist froh, denn sie hat gewonnen. Aber was ist das? Die Tür geht nicht mehr auf. Ronja fürchtet sich und ruft um Hilfe. Die Hausmeisterin befreit sie. Ronja ist erleichtert und geht in ihre Klasse. Adin

(2) Was fällt euch auf? Führt eine Leserunde durch. S. 127

(3) Warum ist Adins Geschichte spannender? Erklärt.

(4) Wie fühlt sich Ronja? Schreibe Sätze zu Gefühlen.

Angst Sie ist ängstlich. Sie hat … Ihr ist …	Freude Sie ist froh. Sie … …	… Sie ist mutig. Sie … …

(5) Überprüfe deine Geschichte von Seite 84. Ergänze Ronjas Gefühle.

Forschen mit Kari und Bu

Wörter mit ä und äu ableiten

S. 130

1. Lies die Wörter halblaut.
   Schwinge.

2. Leite ab. Schreibe auf.
   Markiere die Aufpass-Stellen.
   schlafen – er schläft, …

Grundwortschatz	
er	schläft
sie	hält
es	trägt
die	Nächte
er	wäscht
die	Räder
die	Zäune
die	Mäuse
sie	läuft
die	Sträucher

S. 129

3. Führt ein Rechtschreibgespräch.

S. 131

4. Übt die Wörter als Partnerdiktat.

5. Setze die passenden Wörter ein.
   Schreibe die Sätze auf.

> Lisa ■ auf den Schulhof und sucht Ronja.
> Sie schaut hinter die blühenden ■.
> Dort ■ eine kleine Katze.
> So kann die Katze keine ■ fangen.

6. Setze die Häufigkeitswörter ein. Schreibe die Sätze auf.

> Ronja schlägt ■ den Fäusten gegen die Tür.
> Nun überlegt sie, ■ ihr helfen könnte.
> Wie soll sie nur ■ Hause kommen?

> wer
> mit
> nach

7. Bilde Sätze mit Wörtern dieser Seite.

8. Wie schreibst du diese Wörter? Begründe.

   B■ckerei   Verk■fer   S■gling

Grundwortschatz

Rechtschreibstrategie anwenden: Ableiten;
rechtschriftliche Kenntnisse anwenden: Funktionswörter schreiben;
Arbeitstechniken anwenden: Rechtschreibgespräch

• ÜH/ÜH Fö, S. 65
• KV 8.13, 8.14
• ÜH FO, S. 47

Wortstämme erkennen

1 Sortiere die Wörter nach den Wortstämmen DENK SPRING SPRECH. Schreibe sie geordnet auf.

denken	Hochsprung	Gedanke	versprechen	Sprache	bedenklich
aufspringen	Ansprache	überdenken	sprechen	Absprung	springen

2 Bilde mit den Wortbausteinen neue Verben. Markiere den Wortstamm in deinen Wörtern.

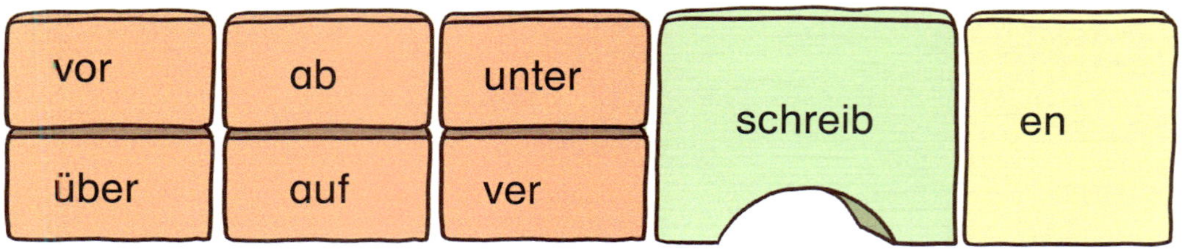

3 Schreibe Wörter zur Wortfamilie TRAUM auf.

Wörter mit ä und äu ableiten

4 Leite die Nomen ab. Schreibe sie auf. der Schwan – die Schwäne, …

Schwäne	Männer	Äste	Bänke
Sträucher	Träume	Bäume	Schläuche

5 Leite die Verben ab. Schreibe sie auf. der Traum – er träumt, …

er träumt	sie schlägt	es trägt	er fällt	sie läuft	es hält

6 Schreibe verwandte Wörter mit **a** oder **au** auf. backen – Bäcker, …

B▮cker	kr▮ftig	r▮men	sch▮men	Erk▮ltung

S. 128

STOPP

Ein Bild beschreiben

1. Beschreibe.

2. Wähle eine Situation aus.
   Was siehst du? Beschreibe genau.

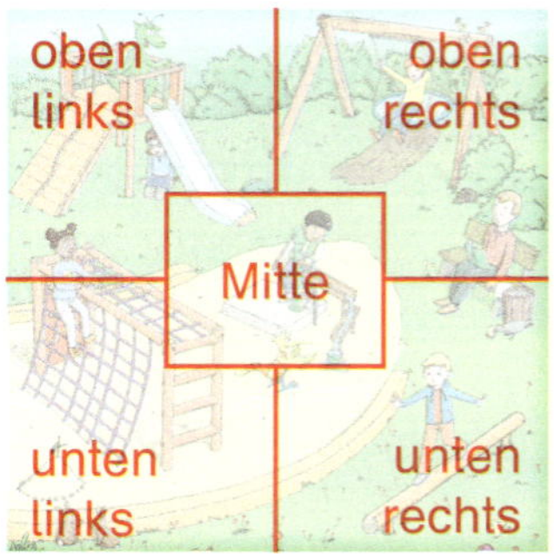

3. Berichte von Erlebnissen auf einem Spielplatz.

4. Spielt das Spiel **Ich sehe was, was du nicht siehst.**

Verstehend zuhören

1. Lies und erzählen.

Mein Lieblingsspiel kannst du draußen oder drinnen spielen.
Es müssen mindestens zwei Kinder mitspielen.
Für das Spiel brauchst du viele Verstecke.
Es endet, wenn alle gefunden sind.

2. Erzähle von deinem Lieblingsspiel.
Beantworte dabei die Fragen. Die anderen raten.

Wo spielst du das Spiel?
Wie viele Kinder können mitspielen?
Was brauchst du für das Spiel?
Wann endet das Spiel?
...

3. Wie ist dir das Zuhören gelungen? Erzähle.

Ich konnte gut zuhören, weil ...

Ich habe mitgedacht und ...

Ich habe nachgefragt, weil ...

...

4. Wie kannst du gut zuhören? Erkläre. △

5. Beschreibe ein Tabletspiel. Nutze dabei die Fragen aus 2.
Beachte die Gesprächsregeln.

- KV 9.1–9.6
- Wir-Heft B2, S. 102–105

zu anderen sprechen: beschreiben;
verstehend zuhören: Gesprächsbeiträge verfolgen, verstehen, gezielt nachfragen; reflektieren

Wortarten erkennen

1 Lies die Sätze. Setze die passende Wortart ein.

Ich kann **ich** oder **wir** vor ein ___ setzen.

Ein ___ sagt mir, **wie** etwas ist.

Mit einem ___ **beschreibe** ich genau.

Ein ___ sagt, **was** wir **tun**.

Ein ___ gibt Menschen, Tieren, Pflanzen und Dingen **einen Namen**.

Ein ___ passt **zwischen** Artikel und Nomen.

2 Zu welchen Wortarten gehören die Wörter? Erklärt.

GARTEN	SPIELT	KALT	LUSTIG
LACHT	FEIERT	BUCH	FRAU
TRINKT	EIMER	NASS	LIMONADE
BLAU	BAUT	LECKER	SCHWIMMT

Du kannst die Wörter auf Karten schreiben.

3 Schreibe die Wörter aus 2 richtig in eine Tabelle.

Nomen	Verb	Adjektiv
Garten	…	…

4 Bilde Sätze mit Wörtern aus 2. Lola spielt im Garten.

5 Zu welchen Wortarten gehören die Wörter? Erkläre.

BUNTSPECHT	EISKALT	HOCHHAUS	BLITZSCHNELL

sprachliche Strukturen kennen und anwenden: Wortarten unterscheiden: Nomen (Substantive), Verben, Adjektive

- ÜH/ÜH Fö, S. 68
- KV 9.7, 9.8
- ÜH FO, S. 48

Präpositionen kennen und verwenden

① Erzähle.

② Wo verstecken sich die Kinder? Schreibe die Sätze richtig auf.
Ali sitzt <u>neben</u> dem Baum.

Ali sitzt ___ dem Baum.	auf
Cleo sitzt ___ der Wippe.	vor
Faruk liegt ___ der Sandburg.	in
Clara versteckt sich ___ der Rutsche.	unter
Salome ist ___ der großen Röhre.	neben
Steffen ist ___ dem Ast.	hinter

Präpositionen beschreiben, **wo** etwas ist:
<u>auf</u> dem Ast, <u>unter</u> der Rutsche.

③ Stellt Präpositionen dar. Fotografiert.

④ Schreibe Sätze. Nutze Präpositionen. Bu sitzt <u>auf</u> dem Tisch.

⑤ Finde weitere Präpositionen.

Verben weiterschwingen

1 Erkläre.

2 Schwinge die Verben weiter. Schreibe sie auf.
wir legen, also legt mit g, ...

er le$^{k}_{g}$t sie lü$^{k}_{g}$t es bie$^{k}_{g}$t er sa$^{k}_{g}$t sie zei$^{k}_{g}$t sie mer$^{k}_{g}$t

3 Was macht Kari? Schreibe die Sätze auf.
am Halm saugen – Er saugt am Halm.

am Halm saugen	das Fahrrad lenken	den Onkel fragen
ein Buch schenken	in der Luft schwingen	eine Maus jagen

4 In jedem Satz ist ein Fehler. Schreibe den Text richtig auf.

Steffen verfolkt seinen Freund Jan.
Wenn Jan „Stopp!" sakt, tauschen sie die Rollen.
Steffens Schwester zangt sich immer bei diesem Spiel.
Sie lekt sich dann einfach auf eine Bank.
Steffen dengt an ihr Alter und ist ihr nie böse.

5 Lies die Sätze. Was fällt dir auf? Erkläre.

Frau Pleister sin▬t ein Lied. Der Stein sin▬t auf den Boden.

rechtschriftliche Kenntnisse anwenden: Verben mit Inlautverhärtung (k/g) schreiben;
Rechtschreibstrategien anwenden: Weiterschwingen

• ÜH/ÜH Fö, S. 70
• KV 9.10, 9.11
• ÜH FO, S. 50

Verben weiterschwingen

1 Lest die Sätze. Welche Buchstaben müsst ihr einsetzen? Erklärt.

Jule to$^{p}_{b}$t auf der Wiese.	Malte pum$^{p}_{b}$t Luft in den Ball.

2 Schwinge die Verben weiter. Schreibe sie auf.

wir toben, also tobt mit b, …

sie to$^{p}_{b}$t	er lie$^{p}_{b}$t	es lo$^{p}_{b}$t	sie ü$^{p}_{b}$t	er blei$^{p}_{b}$t	es hu$^{p}_{b}$t

3 Was macht Bu? Schreibe die Sätze auf.

im Wald toben – Er tobt im Wald.

im Wald toben	einen Vortrag proben	einen Salto üben
mit Kreide schreiben	durch die Luft schweben	den Sand sieben

4 Schreibe Verben in allen Personalformen auf.

lieben	liegen	bleiben	loben	lenken

5 Schreibe den Text richtig auf.

Ali ü$^{p}_{b}$t für einen Test. Er le$^{k}_{g}$t seine Bücher auf seinen Tisch. Gerade den$^{k}_{g}$t er über eine Lösung nach. Da flie$^{k}_{g}$t ein Vogel gegen sein Fenster. Schon schüttelt er sich und schwe$^{p}_{b}$t davon.

6 Wie schreibst du diese Wörter? Erkläre.

Hu__konzert	Schrei__heft	Sau__napf	Wer__zeug

Eine Geschichte planen und schreiben

(1) Plane deine Geschichte. Folgende Schritte helfen dir dabei.

a) Entscheide dich für ein Thema.

Ausflug	Abenteuer auf dem Spielplatz	Im Wald	...

b) Nutze einen Schreibplan.

Schreibplan	
Thema	...
Ideen	...
Anfangssatz	...
Was passiert?	...
Gefühle	...
Ende	...
Überschrift	...

Ein Schreibplan hilft mir, meine Gedanken zu ordnen.

(2) Schreibe deine Geschichte. Nutze deinen Schreibplan aus (1).

— S. 127 (3) Führt eine Leserunde zu euren Geschichten durch.

Die Überschrift ist spannend.

Du hast die Gefühle gut beschrieben.

Achte auf die Reihenfolge.

...

— S. 127 (4) Überarbeite deine Geschichte.
Achte auf die Rechtschreibung.

5 Gestalte deine Geschichte. Erstellt ein Geschichtenbuch.

Texte planen: Ideen entwickeln; Inhalte strukturieren (Schreibplan); Texte schreiben: auf Basis von Schreibimpulsen einen eigenen Text schreiben; Texte überarbeiten: Leserunde durchführen

- KV 9.12
- Wir-Heft B2, S. 102–105

Wortfelder nutzen

① Lest. Was fällt euch auf? Erzählt.

Mein furchtbarer Morgen
O nein, ich habe verschlafen!
Ich hubbele in das Badezimmer.
Angezogen hubbele ich die Treppe
hinunter und hubbele in die Küche.
Ich hubbele schnell zur Schule,
denn es ist schon ganz schön spät.
Der Unterricht hat schon angefangen.
Leise hubbele ich an meinen Platz.

Wortfeld gehen:

gehen	hüpfen
rennen	schleichen
flitzen	schlendern
laufen	schlurfen

② Stellt die Verben aus dem Wortfeld **gehen** pantomimisch dar.

③ Schreibe den Text aus ① auf.
Ersetze **hubbele** durch passende Verben aus dem Wortfeld **gehen**.

④ Führt eine Leserunde durch. S. 127

Alle Wörter mit einer ähnlichen Bedeutung gehören zu einem **Wortfeld**.

⑤ Erkläre die Unterschiede.

Wortfeld sagen:

sagen	jammern
reden	erzählen
murmeln	rufen
betteln	sprechen

Verben weiterschwingen

S. 130

1. Lies die Verben halblaut.
   Schwinge.

Grundwortschatz	
er	sagt
sie	zeigt
es	legt
er	pflegt
sie	bewegt
es	schreibt
er	lebt
sie	übt
es	bleibt
er	klebt

2. Schwinge weiter. Schreibe auf.
   Markiere die Aufpass-Stellen.
   wir sagen – sie sagt, …

S. 129

3. Führt ein Rechtschreibgespräch.

S. 131

4. Übt die Verben als Partnerdiktat.

5. Setze die passenden Verben ein.
   Schreibe die Sätze auf.

Mia ___ abends in ihr Tagebuch.
Sie ___ noch einen Sticker in das Buch.
Mia ___ ihren Eltern das Tagebuch nicht.
Es ___ immer geheim.

6. Setze die Häufigkeitswörter ein. Schreibe die Sätze auf.

Faruk schreibt eine Geschichte ___ einen Schatz.
Er erfindet sie ___ das Geschichtenbuch.
Alle sollen die Geschichte ___ Freitag lesen.

über
am
für

7. Bilde Sätze mit Wörtern dieser Seite.

8. Jedes Verb hat zwei Aufpass-Stellen. Erkläre.

er fliegt   sie trägt   es gräbt

Üben mit Kari und Bu

Wortarten erkennen

1. Ordne die Wörter nach Nomen, Verben und Adjektiven. Schreibe auf.

JACKE	ALT	LEGT	KLEIN	ÜBT	MALT	BURG	WARM	SPINNE

2. Schreibe die Nomen aus 1 mit bestimmten Artikeln in der Einzahl und in der Mehrzahl auf. die Jacke – die …

3. Schreibe die Verben aus 1 in der Ich-Form, Du-Form und Wir-Form auf. ich lege – du …

Verben weiterschwingen

4. Was gehört zusammen? Schreibe auf. glauben – du glaubst – …

glauben	du zeigst	er glaubt	du dankst	danken
er zeigt	du glaubst		er dankt	zeigen

5. Schwinge die Verben weiter. Schreibe die Sätze richtig auf.

Er pfle$\substack{k\\g}$t sein Pferd.
Sam schen$\substack{k\\g}$t Oma eine Blume.

Imke we$\substack{p\\b}$t einen Teppich.
Er he$\substack{p\\b}$t einen Stein auf.

6. In jedem Satz ist ein Fehler. Schreibe den Text richtig auf.

Samara bleipt nach der Schule auf dem Sportplatz.
Dort üpt sie mit Steffen Elfmeter.
Er bewekt sich vor dem Tor hin und her.
Schon fliekt der Ball in die linke Ecke des Tores.
Steffen lopt Samara für ihren tollen Treffer.

S. 128

STOPP

Medien kennenlernen

1 Erzähle.

2 Welche Medien kennst du?
Welche Medien nutzt du? Erzähle.

3 Wofür nutzt du die Medien? Erzähle.
Ich spiele mit … Ich informiere mich mit …
Wir sprechen miteinander mit …

4 Stelle dir vor, du hast einen Tag keine Medien.
Wie gestaltest du deinen Tag?
- Erzähle.
- Male.
- Schreibe.

Smartphone
Zeitschrift
Fernseher
Computer
Tablet
Buch
Spielekonsole
E-Book

Über Mediennutzung sprechen

1. Lies das Programm und erzähle.

17:00		**Checker** Wissen
17:25		**Neuneinhalb** Nachrichten
17:35		**Die Pfefferkörner** Krimi

2. Welche Sendung möchtest du schauen? Begründe. △
   Ich schaue…, weil ich …

3. Erzähle.

4. Welche Regeln zu Medien gibt es bei dir?
   Warum gibt es diese Regeln? Berichte. △

5. Welche Regeln zu Medien findest du sinnvoll? Begründe.

Zusammengesetzte Nomen kennen

1. Erzähle.

2. Schreibe die Nomen aus 1 auf. Unterstreiche.
Bilderbuch = Bilder + Buch, ...

Zusammengesetzte Nomen kannst du aus mehreren Nomen (Substantiven) bilden:
Bilderbuch = Bilder + Buch.
Sie bezeichnen etwas genauer.

3. Welche zwei Nomen findest du in den zusammengesetzten Nomen?
Schreibe auf. Klingelton = Klingel + Ton, ...

Klingelton	Maustaste	Handynummer	Druckerpatrone
Kinokarte	Tablethülle	Kinderfilm	Kopfhörer

4. Schreibe auf. Buch mit Märchen = Märchenbuch, ...

Buch mit Märchen	Regal für Bücher	Stift für die Tafel
Becher für Eis	Schirm für Regen	Ball für den Fuß

5. Finde die Nomen in den zusammengesetzten Nomen.

Computerspielzeit	Bildschirmgröße	Kinofilmprogrammheft

sprachliche Strukturen kennen und anwenden: zusammengesetzte Nomen (Substantive) kennen und nutzen; Möglichkeiten der Wortbildung kennen

- ÜH/ÜH Fö, S. 76
- KV 10.6–10.8
- ÜH FO, S. 53

Zusammengesetzte Nomen kennen und bilden

1. Bilde zusammengesetzte Nomen. Schreibe sie auf.
Computertastatur, ...

Tastatur
Tisch
Maus
Spiel
Kamera

Foto
Wörter
Freunde
Tier
Pferde

2. Welche Nomen kannst du zusammensetzen? Schreibe sie auf.
Druckerpapier, ...

Licht
Papier

Tastatur
Tisch

Foto
Stuhl

Fenster
Nummer

Kamera
Tür

Sender
Stift

3. Schreibe die zusammengesetzten Nomen auf. Druckerpatronen, ...

Sara geht mit ihrer Mutter einkaufen.
Ihre Mutter möchte Druckerpatronen kaufen.
Sara entdeckt eine kleine Taschenlampe. Sie schaut sich ein Computerspiel an. Auf einmal ist Saras Mutter weg. Aufgeregt läuft Sara durch die Regalreihen. Schließlich findet sie ihre Mutter, die noch Druckerpapier aussucht.

4. Welche Wörter stecken in diesen zusammengesetzten Nomen?
Schreibe auf. Hörbuch = hören + Buch

Hörbuch Lernspiel Ladekabel Fernsehsessel Singvogel
Leuchtturm Radiergummi Malkasten Kochbuch Spielfilm

Merkwörter mit V/v nachschlagen und schreiben M

(1) Erzähle.

(2) Sprich die Wörter. Schreibe sie geordnet auf.
Ich höre w und schreibe V: Vulkan, ...
Ich höre f und schreibe V: Vogel, ...

Vulkan	Vogel	Violine	Video	Vater	Villa

Wörter mit **V/v** sind **Merkwörter**.
V/v klingt wie **w** oder wie **f**: Vulkan, Vogel.
Findest du ein Wort in der Wörterliste
unter **W/w** oder **F/f** nicht, schaue unter **V/v**. M

S. 133 (3) Schlage die Wörter nach. Schreibe sie auf. Villa, S. 148, ...

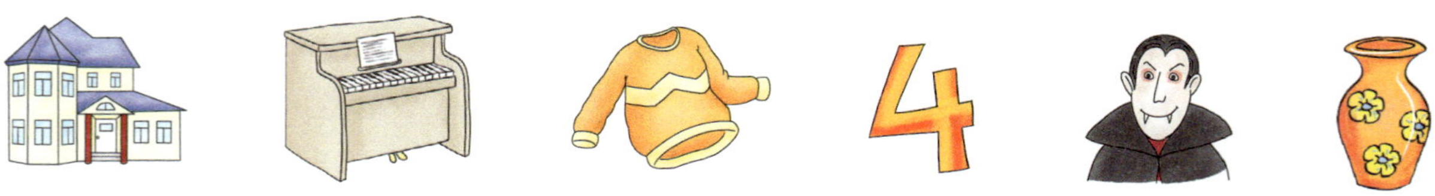

(4) Ordne die Wörter nach dem Abc. Schreibe sie auf.
Überprüfe mit der Wörterliste.

Versuch	Vulkan	Olive
voll	Kurve	viel

S. 134 (5) Übe die Merkwörter dieser Seite.

rechtschriftliche Kenntnisse anwenden: Wörter mit V/v schreiben;
Rechtschreibhilfen nutzen: mit der Wörterliste arbeiten;
Rechtschreibstrategien anwenden: Merken

- ÜH/ÜH Fö, S. 77
- KV 10.9
- ÜH FO, S. 54

Merkwörter mit Doppelvokalen schreiben M

1 Erzähle. Achte auf die Vokale.

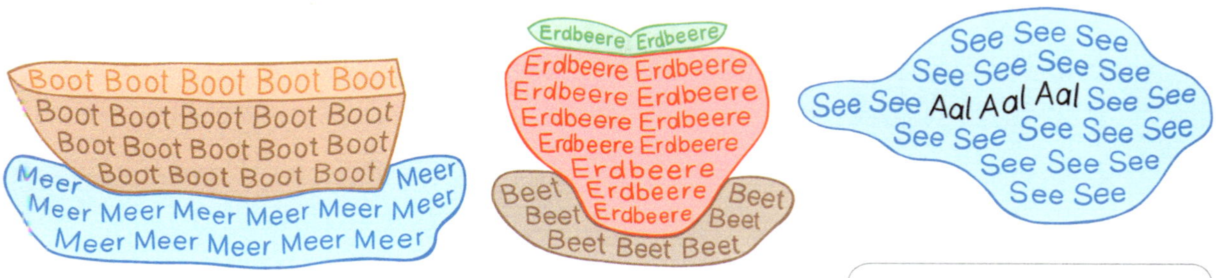

Wörter mit **aa**, **ee**, **oo** musst du dir merken.

2 Ordnet die Merkwörter. Schreibt sie auf.

Paar	Klee	Moor	Fee	Zoo	Schnee
See	Boot	Aal	Idee	Beet	Waage

3 Ordne die Wörter nach dem Abc. Schreibe sie auf.

Beere	Moos	Meer	Speer	leer	Tee

4 Schreibe die Sätze auf. Setze **aa**, **ee** oder **oo** ein.

Der Witz ist nicht lustig. Ich finde ihn d■f.
Der Frisör schneidet meine H■re.
Die Erdb■re wächst in einem B■t.

5 Schreibe die Sätze auf. Setze passende Wörter aus 2 ein.

Eine gute ■ zaubert.
Im ■ brüllt der Löwe im Gehege.
Cleo trägt ein neues ■ Socken.

6 Übe die Merkwörter dieser Seite.

S. 134

Eine Tastatur kennenlernen

① Vergleiche und erzähle.

Musik abspielen	Musik abspielen
Ein Buch lesen	Ein Buch lesen
Die Spielekonsole nutzen	Die Spielekonsole nutzen
Im Internet surfen	Im Internet surfen
Einen Film ansehen	***Einen Film ansehen***
Nachrichten hören	Nachrichten hören

Den rechten Text habe ich mit einem Schreibprogramm gestaltet.

② Wofür könnt ihr Schreibprogramme noch nutzen? Erzählt.

③ Erklärt euch die Tastatur.

1 Löschtaste | 2 Eingabetaste | 3 Umschalttaste | 4 Leertaste

④ Stellt euch Fragen zur Tastatur.

Wo ist das **P**?

Findest du die Pfeiltasten?

…

⑤ Wo gibt es noch Tastaturen? Erzähle.

⑥ Wie tippt man ein Ausrufezeichen und ein Fragezeichen? Erkläre.

mit Medien umgehen: digitale Textgestaltung (Tastatur, Schreibprogramm) kennen; von Medienerfahrungen erzählen

• KV 10.12
• Wir-Heft B2, S. 116–119

Ein Schreibprogramm nutzen

① Erkläre die Funktionen des Schreibprogramms.

Abcd ▾	*Schriftart*	**F**	**fett**
20 ▾	Schriftgröße	*K*	*kursiv*
A ▾	Schriftfarbe	U	unterstrichen
		✎ ▾	markiert

② Lies den Text.

Willst du diesen Text abschreiben,
musst du dich erstmal entscheiden.
Magst du Druckschrift oder mehr?
Vielleicht mit *Schnörkeln* – bitte sehr!
Fett gedruckt oder *kursiv*?
Es gibt alle Farben, die du liebst.
Ein Schreibprogramm ist wirklich fein.
Es macht die Wörter **groß** und klein.
Auch Unterstreichen und farbig Markieren
solltest du mal ausprobieren!

③ Tippe den Text aus ② ab.
Nutze die Funktionen des Schreibprogramms.

So gestalte ich
meine Texte mit
einem Schreibprogramm.

④ Gestalte einen weiteren Text mit einem Schreibprogramm.

Merkwörter mit V/v und Doppelvokalen schreiben

1. Lies die Nomen halblaut.
   Was siehst du? Was hörst du?

2. Schreibe die Nomen ab.
   Markiere die Aufpass-Stellen.
   der Vogel, …, die Haare, …

S. 129

3. Führt ein Rechtschreibgespräch.

S. 134

4. Übe die Nomen.

5. Setze die passenden Nomen ein.
   Schreibe die Sätze auf.

Grundwortschatz	
der	Vogel
der	Vulkan
der	Vater
die	Vase
die	Haare
der	Schnee
der	See
die	Beere
das	Moos
das	Boot

> Wir wollen heute auf dem ___ rudern.
> Ein Korb mit Essen steht schon im ___.
> Mein ___ hat viele Beeren geerntet.
> Ein frecher ___ wollte ihm dabei helfen.

6. Setze die Häufigkeitswörter ein. Schreibe die Sätze auf.

> Ein Reporter steht ___ der Klasse.
> Er berichtet ___ seinen Erlebnissen.
> Wir haben dabei ___ Spaß.

von
vor
viel

7. Bilde Sätze mit Wörtern dieser Seite.

8. Jedes Nomen hat zwei Aufpass-Stellen. Erkläre.

   Vatertag Vulkanberg Haarband

Zusammengesetzte Nomen kennen

① Bilde zusammengesetzte Nomen. Schreibe sie auf. Kamerabild, …

Kamera	Bild Mann Aufnahme

Tablet	Hülle Koffer Stift

② Welche Nomen stecken in den zusammengesetzten Nomen?
Schreibe sie auf. Computermaus = Computer + Maus, …

Computermaus	Telefonhörer	Kamerakabel	Blitzlicht
Filmlänge	Handyhülle	Tafeltext	Lichtschalter

Merkwörter nachschlagen und schreiben M

③ Ordne die Wörter nach dem Abc. Schreibe sie auf.
Überprüfe mit der Wörterliste.

Vase	Klavier	Olive	Vogel	vier	Verkäufer

④ Schreibe den Text auf. Setze die Wörter ein.

Momo sitzt im Garten einer alten ▬.
Die ▬ zwitschern laut in den Bäumen.
Das macht sie ganz ▬.
Darum ▬ Momo, sie zu ▬.

vertreiben
nervös
versucht
Villa
Vögel

⑤ Schlage nach. Schreibe die Wörter auf. das Moos, S. 144, …

S. 128

Andere Sprachen kennenlernen

1 Erzähle.

2 Welche Sprachen gibt es in deiner Klasse? Erzähle.

3 Kennst du Wörter aus anderen Sprachen? Erzähle.

4 Sammele Wörter in verschiedenen Sprachen.

zu anderen sprechen: erzählen; Gemeinsamkeiten und Unterschiede von Sprachen untersuchen

- KV 11.1 – 11.5
- Wir-Heft B2, S. 122 – 125

Dialekte vergleichen

(1) Erzähle.

In manchen Regionen wird Deutsch unterschiedlich gesprochen.
Dies nennt man **Dialekt** (Mundart).
Brötchen: Semmeln, Weggla, Schrippen, Rundstücke, …

(2) Lest die Wörter. Was fällt euch auf? Erzählt.

Mädchen Madl Deern 	Berliner Pfannkuchen Puffel Krapfen 	Butter Schmer Bodder 	Klumbe Bonbon Kamelle Guatsle 

(3) Was bedeuten diese Wörter? Überlegt.

Erdapfel
Mutschekiebchen
Schippe
Göckele

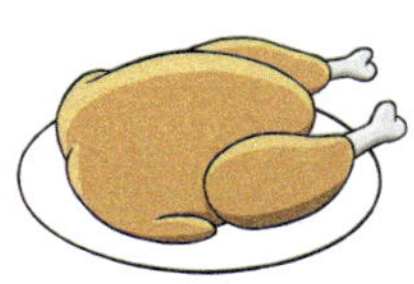

(4) Kennst du noch andere Wörter aus einem Dialekt? Erzähle.

zu anderen sprechen: erzählen; Gemeinsamkeiten und Unterschiede von Dialekten untersuchen

Verkleinerungsformen bilden

1 Lies die Sprechblasen. Erzähle.

2 Führt das Gespräch zwischen Riese und Zwerg weiter.

3 Schreibe die Nomen aus 2 mit Artikeln auf.
der Kopf – das Köpfchen, …

4 Was fällt euch bei den Wörtern aus 3 auf? Erzählt.

Mit den Wortbausteinen chen und lein bildest du
die **Verkleinerungsform** von Nomen.
Die Vokale **a**, **o**, **u** und **au** werden zu **ä**, **ö**, **ü** und **äu**.
der Kopf – das Köpfchen, das Buch – das Büchlein

5 Bilde die Verkleinerungsformen mit chen oder lein. Schreibe sie auf.
der Bach – das Bächlein, …

Bach	Pferd	Hund	Mann	Stuhl	Tisch
Maus	Kleid	Brot	Fisch	Bett	Zopf

6 Schreibt die Nomen und ihre Verkleinerungsformen aus 5 auf Karten.
Mischt die Karten. Wer findet die meisten Paare?

sprachliche Strukturen kennen und anwenden: Verkleinerungsformen von Nomen kennen und nutzen; Möglichkeiten der Wortbildung kennen

- ÜH/ÜH Fö, S. 82
- KV 11.6
- ÜH FO, S. 58

Satzbausteine kennen

1. Lies die Sätze. Was fällt dir auf? Erzähle.

[Salome] [schreibt].
[Salome] [schreibt] [heute].
[Salome] [schreibt] [heute] [am See].
[Salome] [schreibt] [heute] [am See] [eine Postkarte].

2. Schreibe Treppensätze. Was kommt in jedem Satz dazu? Markiere.

[Lena] [spricht].
[Lena] [spricht]
[Lena] [spricht]
[Lena] [spricht]

[mit ihren Eltern] [zu Hause] [Polnisch]

3. Vergleicht eure Sätze aus 2.

4. Verkürze diesen Satz. Schreibe Treppensätze.

[Oma und Opa] [sprechen] [mit Papa] [in einem Dialekt].
[Oma und Opa] [...] [...].

5. Schreibe Treppensätze.

[Englisch] [übt] [im Urlaub] [mit Ole] [Jan]
[Jan] [...]

6. Verkürze den Satz aus 5. Schreibe Treppensätze.

7. Schreibe eigene Treppensätze.

Merkwörter mit X/x, Y/y nachschlagen und schreiben M

(1) Lies den Text.

Eine  mischt einen Zaubertrank mit ihrem neuen .
Sie verzaubert Kari in eine .
Bu wird zu einem .
Sie verwandelt das Ufo in ein .

S. 133 (2) Schlage die Bildwörter aus (1) nach.
Schreibe sie auf. Markiere **X/x**. die Nixe, S. 145, ...

(3) Wie klingt **Y/y** am Anfang, in der Mitte und am Ende? Erzählt.

Yeti  Pyramide  Pony 

(4) Wie klingt **Y/y**? Ordne und schreibe auf.

Y wie in Yeti	y wie in Pyramide	y wie in Pony
...	Olympia, ...	...

Olympia Handy Yoga Party Symbol Yak Hobby

S. 133 (5) Schlage die Wörter nach. Schreibe sie auf. Yak, S. 149, ...

      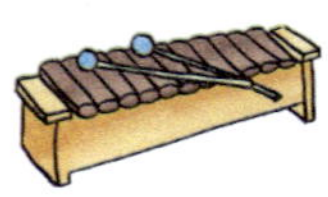

S. 134 (6) Übe die Merkwörter dieser Seite.

Wörter mit **X/x** und **Y/y** musst du dir merken.

(7) Warum klingt **y** bei **Currywurst** wie **i**? Erkläre.

rechtschriftliche Kenntnisse anwenden: Wörter mit X/x und Y/y schreiben; Rechtschreibhilfen nutzen: mit der Wörterliste arbeiten; Rechtschreibstrategien anwenden: Merken

- ÜH/ÜH Fö, S. 84
- KV 11.9, 11.10
- ÜH FO, S. 60

Fremdwörter nachschlagen und schreiben M

1 Was bedeuten die Wörter? Erklärt.

Jeans | Dschungel | Fan | Handy | Puzzle | Comic

2 Ordne die Nomen aus 1 nach dem Abc. Schreibe sie auf. S. 133
Überprüfe. Comic, …

3 Ordne nach dem Abc. Schreibe sie auf. Überprüfe. Tastatur, …

Text | Timer | Tastatur | Toilette | Training

Ist der erste Buchstabe gleich, ordne ich nach dem zweiten Buchstaben.

4 Ordne nach dem Abc. Schreibe sie auf.
Überprüfe. Camping, …

Computer | Camping | Clown | Cent | Creme

5 Ordne nach dem Abc. Schreibe sie auf. Überprüfe. Board, …

Toilette | Party | Chips | Board | Skater
Olympia | Inliner | Teddy | Pool | Surferin

6 Ordne nach dem Abc. Schreibe sie auf. Überprüfe. Cola, …

Cowboy | Comic | Cola | Couch | Container | Cornflakes

7 Erklärt einem anderen Kind die Bedeutung einiger Fremdwörter.

Eine Postkarte schreiben

1 Erzähle.

Hallo Max,
ich schreibe dir aus Büsum.
Wir gehen jeden Tag an den Strand.
Zum Glück gibt es hier keine Quallen.
Ich kann schon gut schwimmen.
Viele Grüße
deine Lara

Max	Schmidt
Vorname	Nachname
Tulpenweg	6
Straße	Hausnummer
62190	Blumenstadt
Postleitzahl	Wohnort

2 Findet auf der Postkarte in 1 Anrede, Gruß und Name.

3 Max schreibt eine Postkarte aus den Ferien. Worüber könnte er schreiben? Erzählt.

4 Schreibe die Postkarte für Max an Lara. Denke an Anrede und Gruß.

5 Schreibe deine eigene Adresse auf. Sammele weitere Adressen in einem Adressbüchlein.

6 Schreibt euch in der Klasse Postkarten.

Texte verfassen

Texte planen: Schreibabsicht und Schreibsituation klären; Textmuster erschließen (Postkarte); Texte schreiben: adressatengerecht und kriteriengeleitet eine Postkarte schreiben

- ÜH/ÜH Fö, S. 85
- KV 11.12, 11.13
- Wir-Heft B2, S. 122–125

Eine E-Mail kennenlernen

(1) Erzähle.

E-Mail

An: (1) campingplatz@schwarzwald.de

Betreff: (2) Fragen zum Urlaub

(4) Senden

(3)

Liebes Team vom Schwarzwald-Campingplatz,
wir kommen übermorgen zu Ihnen.
Deshalb haben wir noch zwei Fragen.
Gibt es auf dem Campingplatz einen Kinderpool?
Können wir bei Ihnen Fahrräder mieten?
Viele Grüße
Familie Lang

(2) Hätte Familie Lang auch eine Postkarte schreiben können? Begründe. △

(3) Aus welchen Teilen besteht eine E-Mail? Erzählt.

(4) Lest die Sätze. Nennt die richtige Nummer der E-Mail in (1).

Betreff: Das ist das Thema der E-Mail.

E-Mail-Adresse: Dahin wird die E-Mail geschickt.

Textfeld: Hier steht der Text.

Senden: Du klickst auf dieses Feld, um die E-Mail zu verschicken.

Forschen mit Kari und Bu

Merkwörter mit X/x, Y/y und Fremdwörter schreiben

Grundwortschatz	
die	Hexe
der	Boxer
das	Taxi
das	Pony
das	Handy
das	Baby
der	Cent
der	Computer
der	Comic
der	Clown

① Lies die Nomen halblaut.
Was siehst du? Was hörst du?

② Schreibe die Nomen ab.
Markiere die Aufpass-Stellen.
die Hexe, …

S. 129 ③ Führt ein Rechtschreibgespräch.

S. 134 ④ Übe die Nomen.

⑤ Setze die passenden Nomen ein.
Schreibe die Sätze auf.

> Ich lese einen lustigen ▬.
> Auf einem Bild tanzt eine ▬.
> Ein ▬ hält seine rote Nase fest.
> Auf dem nächsten Bild reitet er auf einem ▬.

⑥ Setze die Häufigkeitswörter ein. Schreibe die Sätze auf.

> Ich kenne ▬ wichtige Strategien.
> Zu einem Wort mit **C/c** fällt mir ▬ ein.
> Wir müssen ▬ das Wort merken.

nichts
uns
jetzt

⑦ Bilde Sätze mit Wörtern dieser Seite.

⑧ Jedes Nomen hat zwei Aufpass-Stellen. Erkläre.

Ponystall Stabmixer Centstück

Grundwortschatz

Rechtschreibstrategie anwenden: Merken, Nomen großschreiben; rechtschriftliche Kenntnisse anwenden: Funktionswörter schreiben; Arbeitstechniken anwenden: Rechtschreibgespräch

- ÜH/ÜH Fö, S. 86
- KV 11.16, 11.17
- ÜH FO, S. 63

Üben mit Kari und Bu

Satzbausteine kennen

(1) Schreibe Treppensätze.

Pablo | spricht .
Pablo | spricht
Pablo | spricht
Pablo | spricht

zu Hause | mit seiner Schwester | Spanisch

(2) Verkürze diesen Satz. Schreibe Treppensätze.

Die Kinder | hören | im Park | viele Sprachen .

Merkwörter nachschlagen und schreiben M

(3) Ordne die Wörter nach dem Abc. Überprüfe mit der Wörterliste.

Text   Boxer   Lexikon   Nixe   Hexe   Mixer

(4) Schlage die Nomen nach.
Schreibe sie mit dem bestimmten Artikel auf. das Baby, S. 140, …

(5) Schreibe die Sätze auf. Setze die Wörter aus (4) passend ein.

Meine Mutter ruft meinen Vater auf dem ■ an.
Er soll noch ein neues ■ für das ■ mitbringen.
Ich möchte unbedingt ein neues ■ haben,
am liebsten eins mit einem lustigen ■.
Leider kann ich nur ein paar ■ dazugeben.

S. 128

STOPP

Text mit Schrift gestalten

1 Lies das Gedicht und beschreibe.

Regenschirme

Wenn die ersten Tropfen fallen,
Lustig auf das Pflaster knallen,
blühen sie wie Blumen auf.
Bunt gestreifte, bunt gefleckte,
bunt getupfte, bunt gescheckte
nehmen fröhlich ihren Lauf.

Seit die ersten Tropfen fielen,
schweben sie auf dünnen Stielen
Leuchtend, schimmernd, rund und glatt.
Bunt gestreifte, bunt gefleckte,
bunt getupfte bunt gescheckte
Schirme blühen in der Stadt.

Vera Ferra-Mikura

2 Suche dir Wörter aus und gestalte sie mit Schrift. gestreifte

Sonne	Blätter	rennen	gepunktet	kugelrund	Wasserwellen

3 Gestalte ein Gedicht mit Schrift. fröhlich Tropfen

Ein Gedicht schreiben (Sprechtaculum)

(1) Lies die Gedichte.

Ein Sprechtaculum ist ein Gedicht mit drei Nomen. Sie sind zusammengesetzt.

(2) Sucht euch ein Gedicht aus (1) aus.
Lest die Zeilen abwechselnd vor. Was fällt euch auf?

(3) Finde die Nomen aus den Gedichten in (1).
Schreibe sie auf. Zug, …

(4) Schreibe ein Sprechtaculum wie in (1).

Kinder	Spiel	Platz

(5) Gestalte dein Sprechtaculum.
Du kannst auch ein Schreibprogramm nutzen.

Achte auf deine Schrift.

(6) Präsentiere dein Sprechtaculum.

S. 128

(7) Finde drei Nomen und schreibe ein Sprechtaculum.

Im Winter

Ein Wintergedicht vortragen

1. Lies das Gedicht. Erzähle.

Der Schneemann auf der Straße
trägt einen weißen Rock,
hat eine rote Nase
und einen dicken Stock.

Er rührt sich nicht vom Flecke,
auch wenn es stürmt und schneit.
Stumm steht er in der Ecke
zur kalten Winterszeit.

Doch tropft es von den Dächern
im ersten Sonnenschein,
da fängt er an zu laufen,
und niemand holt ihn ein.

Robert Reinick

2. Lest das Gedicht vor.
Welche Wörter möchtet ihr besonders hervorheben?

3. Worauf musst du achten, wenn du das Gedicht vorträgst?
Erzähle. △

S. 128

4. Tragt das Gedicht vor. Gebt euch Rückmeldung.

- Mir gefallen deine Sprechpausen.
- Ich gebe dir den Tipp: Sprich langsamer.
- Du hast das Wort **Nase** gut hervorgehoben.
- …

5. Schreibe das Gedicht aus 1 ab. Gestalte es.

Sprechen und Zuhören

vor anderen sprechen: Gedicht vortragen; Redeweise (Hervorhebung) adressaten- und situationsgerecht wählen

- KV 12.2, 12.3
- Wir-Heft B1, S. 74, 75

Einen Text szenisch umsetzen

1. Lies die Geschichte und erzähle.

Erzähler/ Erzählerin:	Es ist Nacht. Es herrscht Winter. Ein alter Wolf nähert sich dem Haus der Henne. Der Wolf klopft an die Tür, poch, poch, poch.
Henne:	Wer da?
Wolf:	Der Wolf. Hab keine Angst, Henne. Ich bin alt.
Erzähler/ Erzählerin:	Die Henne zögert. Sie hat ein bisschen Angst, aber sie ist neugierig. Also öffnet sie die Tür. Der Wolf tritt ein, seufzt und bittet um einen Kessel.
Wolf:	Hör zu, Henne, um Steinsuppe zu machen, braucht man einen Kessel. In einen Kessel gibt man einen großen Stein, tut Wasser hinein und wartet, bis es kocht.
Henne:	Ist das alles? Also, ich tue ja in meine Suppe immer ein bisschen Sellerie.
Wolf:	Das kann man, das gibt einen gewissen Geschmack.
Erzähler/ Erzählerin:	Das Schwein hat gesehen, wie der Wolf in das Haus der Henne gegangen ist. Es klopft an, poch, poch, poch.
Schwein:	Alles in Ordnung?

nach Anaïs Vaugelade [gekürzt; verändert]

2. Wie könnte die Geschichte weitergehen? Erzähle. △

3. Spielt die Geschichte. Verstellt eure Stimme.

S. 128

4. Gebt euch Rückmeldung.

> Deine Stimme hat zu dem Tier gepasst.

> Du hast dich wie ein Tier bewegt. Toll!

> Ich gebe dir den Tipp: …

vor anderen sprechen: szenisch spielen; Texte erschließen: Gedanken zu Texten formulieren; Perspektive einer literarischen Figur einnehmen

Mit Stichworten eine Geschichte erzählen

(1) Erzähle die Geschichte mithilfe der Bilder und Stichworte.

– Osterhase traurig

– bekommt nie Post

– Osterhase streikt

– Fällt Ostern aus?

– Freunde überlegen

– Brief schreiben?

(2) Erfindet ein eigenes Ende zu der Geschichte. Malt oder schreibt.

S. 128 (3) Stellt euer Ende zu der Geschichte vor.

(4) Spielt die Geschichte nach.

(5) Gebt euch Rückmeldung.

zu anderen sprechen: nach Anregungen (Bilder, Stichworte) eine Geschichte erzählen; Rückmeldung geben;
Texte erschließen: Gedanken zu Texten formulieren

• Wir-Heft B2, S. 132, 133

Einen Brief schreiben

1 Lies den Brief. Erzähle.

Lieber Osterhase,
ich heiße Jan
und ich bin 7 Jahre alt.
Ostern suchen wir
im Garten nach Ostereiern,
die du immer gut versteckst.
Ich freue mich über
viele bunte Schokoladeneier.
Die schmecken so lecker.
Viele liebe Grüße
Dein Jan

2 Findet Anrede, Gruß und Name in dem Brief in 1.

2 Plant einen Brief an den Osterhasen. Sammelt Ideen.

… …

3 Schreibe deinen Brief.
Beachte den Anfang und
das Ende des Briefes.

4 Präsentiere deinen Brief.

S. 128

5 Gebt euch Rückmeldung.

Texte planen: Schreibabsicht und Schreibsituation klären; Textmuster erschließen (Brief); Texte schreiben: adressatengerecht und kriteriengeleitet einen Brief schreiben

Ein Gedicht schreiben (Elfchen)

1 Lest das Gedicht. Es heißt Elfchen. Warum? Erklärt.

Wasser
im Pool
hell und klar
es ist so erfrischend
platsch

Was siehst du?
Wo siehst du es?
Wie ist es?
Was fühlst oder denkst du?
Finde ein Abschluss-Wort.

2 Schreibt mit diesen Wörtern ein Elfchen.

am Strand | der Sommer ist schön | Ferien | Sonne | warm und hell

3 Finde Wörter, die zum Sommer passen.

4 Schreibe mit deinen Wörtern aus 3 ein Sommer-Elfchen.

S. 128 5 Gestalte und präsentiere ein Elfchen.

Einen Steckbrief schreiben

(1) Lies und erzähle.

Steckbrief

Wie heißt das Fest?	– Straßenfest für alle
Wann wird das Fest gefeiert?	– im Sommer
Warum wird das Fest gefeiert?	– Menschen kennenlernen – Spaß haben
Wie wird das Fest gefeiert?	– Essen aus verschiedenen Ländern – Spiele für Kinder – Vorführungen

(2) Welche Feste kennst du? Erzähle.

(3) Informiert euch über ein Fest.
Nutzt die Fragen aus (1).

(4) Schreibt einen Steckbrief über das Fest aus (3).

(5) Führt eine Leserunde durch.

Checkliste Steckbrief
- leserlich schreiben
- gut erkennbare Überschrift nutzen
- Stichworte nutzen
- Bilder malen oder aufkleben

S. 127

(6) Gestaltet euren Steckbrief.

(7) Präsentiert euren Steckbrief.

S. 128

Lernen mit Kari und Bu

Murmelrunde

1. Ich denke über eine Aufgabe nach.

2. Ich tausche mich leise mit einem anderen Kind aus.

Ich – Du – Wir

1. Ich denke über eine Aufgabe nach.

2. Ich tausche mich mit einem anderen Kind aus.

3. Wir sprechen in der Gruppe über unsere Ergebnisse und ergänzen.

4. Ich arbeite mit den Ideen weiter.

Arbeitstechniken kennen: Murmelrunde, Ich – Du – Wir nutzen (kooperative Lernformen)

Leserunde

1. Ich lese meinen Text vor.
   Die anderen Kinder
   hören mir zu.

2. Die anderen Kinder geben mir
   Rückmeldung:
   Mir gefällt ...
   Ich gebe dir den Tipp: ...

3. Ich überarbeite meinen Text
   mithilfe der Tipps.

Texte rechtschriftlich überarbeiten

1. Ich lese den Text langsam.
   Dabei spreche ich genau mit.

2. Ich überprüfe die Großschreibung
   am Satzanfang und bei Nomen.

3. Wenn ich unsicher bin,
   helfen mir die Strategien.

4. Ich kann auch in der Wörterliste
   nachschlagen.

Texte präsentieren

	Ich kann meinen Text …
	• … mit dem Computer schreiben.
	• … lesbar auf ein besonderes Blatt schreiben.
	• … lesbar in mein Geschichtenheft schreiben.
	• … vorlesen.
	• … mit Bildern gestalten.
	• … darstellen.

Portfolio

	1. Am Ende eines Kapitels überlege ich: • Was kann ich gut? • Was möchte ich noch üben?
	2. Ich spreche mit meiner Lehrerin oder mit meinem Lehrer.
	3. Ich entscheide, was ich in meinem Portfolio sammele.

Texte präsentieren: einen Text für die Veröffentlichung aufbereiten; über Lernen sprechen: über Lernerfahrungen sprechen, reflektieren

Ein Rechtschreibgespräch führen

Wir schwingen das Wort.
Was sehen wir? Was hören wir?
Welche Strategie passt?

- **Mitsprechen**

  Ich schwinge das Wort:
  Ritter.

- **Weiterschwingen**

  Ich schwinge weiter:
  Hunde, also Hund mit d.

- **Ableiten**

  Ich leite ab:
  Maus, also Mäuse mit äu.

- **Merken**

  Ich höre **F**,
  ich schreibe **V**:
  Vogel.

- **Großschreiben**

  Nomen schreibe ich groß: Salat.
  Satzanfänge schreibe ich groß:
  Der Salat ist grün.

- **Wortbausteine**

  auf | schreib | en

Lernen mit Kari und Bu

Forschen mit Kari und Bu – Grundwortschatz

1. Ich lese das Wort halblaut und schwinge.

   liegen

2. Ich markiere die Aufpass-Stellen.

   liegen Hund Mäuse

   Tante

Strategien

Mitsprechen
Bei den meisten Wörtern hilft genaues Mitsprechen in Silben.
Kasten, Ritter, spielen, große, Qualm, …
Melone

Weiterschwingen
Einige Wörter haben Aufpass-Stellen, die ich durch Weiterschwingen erklären kann.
Hund, Berg, Korb, spielt, lobt, rennt, wild, …
Hund – Hunde, also Hund mit d.

Ableiten
Einige Wörter haben Aufpass-Stellen, die ich durch Ableiten erklären kann.
Nägel, Äste, Mäuse, träumt, …
Nägel – Nagel, also Nägel mit ä.

Merken
Einige Wörter haben Aufpass-Stellen, die ich nicht erklären kann. Ich muss sie mir merken.
Vogel, Hexe, Cent, Handy, Beet, …
Vater, ich höre F, ich schreibe V.

Großschreiben
das Kind, der Salat, die Rose, … Die Sonne scheint.

Wortbausteine
auf schreib en Schreib tisch sie schreib t

3. Wir führen ein Rechtschreibgespräch: Wir erklären die Aufpass-Stellen. Die Sterne helfen uns.

4. Manche Aufpass-Stellen können wir nicht erklären. Diese Aufpass-Stellen merken wir uns. M

   Vater Cent Hexe Pony

5. Ich übe die Wörter.

Arbeitstechniken kennen: Rechtschreibgespräch führen (kooperative Lernform); Rechtschreibstrategien kennen

Abschreiben

1. Ich lese in Silben.
   Ich merke mir dabei
   Aufpass-Stellen.

2. Ich verdecke das Wort oder
   einen Teil des Satzes.

3. Ich schreibe und spreche dabei
   in Silben mit.

4. Ich überprüfe genau. Wenn ich
   Fehler finde, streiche ich das Wort
   durch und schreibe es noch einmal.

Schleichdiktat

1. Ich lese die Wörter genau.

2. Ich lege das Blatt an eine entfernte
   Stelle. Ich merke mir einige Wörter.
   Ich achte auf die Aufpass-Stellen.

3. Ich schleiche zu meinem Heft.
   Ich schreibe die Wörter auf.
   Ich spreche dabei genau mit.

4. Zum Schluss vergleiche ich
   meine Wörter mit der Vorlage.
   Ich verbessere Fehler.

Wendediktat

1. Ich lese die Wörter genau.
   Ich merke mir einige Wörter.
   Ich achte auf die Aufpass-Stellen.

2. Ich drehe das Blatt um.

3. Ich schreibe die Wörter auf.
   Ich spreche dabei genau mit.

4. Zum Schluss vergleiche ich
   meine Wörter mit der Vorlage.
   Ich verbessere Fehler.

Partnerdiktat

1. Ich diktiere langsam.
   Ich beobachte das andere Kind
   beim Schreiben.

2. Das andere Kind schreibt und
   spricht leise mit.

3. Bei einem Fehler sage ich: „Stopp!“

4. Wir sprechen über den Fehler
   und verbessern.

Arbeitstechniken kennen: Wendediktat nutzen, Partnerdiktat nutzen

Wörter nachschlagen

Buch beginnt mit **B**.

B ist der zweite Buchstabe im Abc. Ich schaue vorne in der Wörterliste.

1. Mit welchem Buchstaben fängt das Wort an?
2. Wo steht der Buchstabe im Abc? Ich finde ihn am Anfang, in der Mitte oder am Ende der Wörterliste.

---

der, **die** oder **das** Buch?

Bb

das **Baby**, die Babys
der **Berg**, die Berge
der **Blitz**, die Blitze
das **Buch**, die Bücher

- **Artikel**
  Ich suche das Nomen in der Wörterliste. Der Artikel steht dort vor dem Nomen.

---

das Buch, die **?**

Bb

das **Baby**, die Babys
der **Berg**, die Berge
der **Blitz**, die Blitze
das **Buch**, die Bücher

- **Mehrzahl**
  Ich suche das Nomen in der Wörterliste. Die Mehrzahl steht hinter dem Nomen.

---

er kent oder **er kennt**?

Kk

das **Kabel**, die Kabel
kaufen, sie kauft
kennen, er kennt
das **Kind**, die Kinder

- **Verb**
  Ich suche die Grundform (Wir-Form) in der Wörterliste. Die Personalform steht hinter der Grundform.

Mit **W**? Oder **V**?

Vv

der **Vampir**, die Vampire
die **Vase**, die Vasen
der **Vater**, die Väter
viel

- **Merkwort**
  Ich schlage nach. Finde ich das Wort nicht, überlege ich, mit welchem anderen Buchstaben es beginnen könnte.

Lernen mit Kari und Bu

Wörter üben

	• Ich sammele meine Wörter in einer Schachtel oder in einem besonderen Heft. Ich übe sie oft.
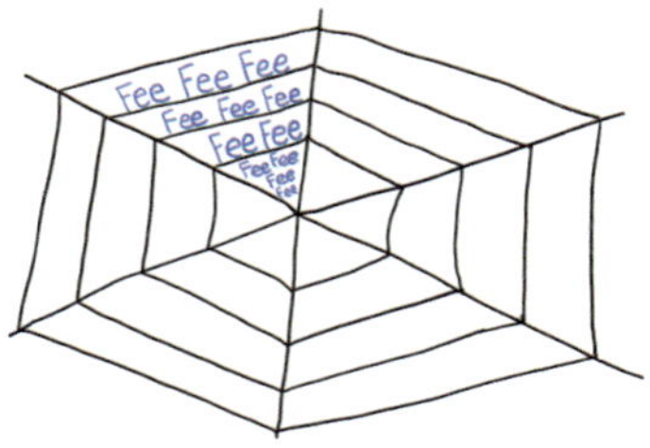	• Ich schreibe die Wörter in ein Spinnennetz.
Baby Fee **Mixer**	• Ich schreibe die Wörter in verschiedenen Farben und Formen.
Fee Baby Mixer Computer	• Ich ordne die Wörter nach der Anzahl der Buchstaben.
Das Baby schläft neben dem Computer. Die Fee zaubert einen Mixer.	• Ich schreibe Sätze mit den Wörtern.
Baby Fee Mixer	• Ich ordne die Wörter nach dem Abc.
Computer Creme	• Ist der erste Buchstabe gleich, ordne ich nach dem zweiten Buchstaben.

<table>
<tr><td>die Fee – eine Fee
der Mixer – ein Mixer
das Baby – ein Baby</td><td>Nomen schreibe ich
mit dem bestimmten Artikel und
mit dem unbestimmten Artikel auf.</td></tr>
<tr><td>die Fee – die Feen
der Mixer – die Mixer
das Baby – die Babys</td><td>Nomen schreibe ich in der Einzahl und
in der Mehrzahl auf.</td></tr>
<tr><td>die kleine Fee
der kleine Mixer
das kleine Baby</td><td>Nomen schreibe ich
mit dem bestimmten Artikel und
mit dem Schiebewort kleine auf.</td></tr>
<tr><td>rennen:
ich renne, du rennst,
er / sie / es rennt,
wir rennen, ihr rennt,
sie rennen</td><td>Verben schreibe ich
in verschiedenen Personalformen auf.</td></tr>
<tr><td>Wie ist der Hund?
Der Hund ist groß.

Wie ist meine Freundin?
Meine Freundin ist lieb.</td><td>Mit Adjektiven beschreibe ich,
wie jemand oder etwas ist.</td></tr>
</table>

Laute, Buchstaben und Silben

Das Abc heißt auch **Alphabet**.

A/a E/e I/i O/o U/u
sind **Vokale** (Selbstlaute).
Ä/ä Ö/ö Ü/ü sind **Umlaute**.
Au/au Ei/ei Eu/eu Äu/äu
sind **Zwielaute**.
Umlaute und Zwielaute sind auch Vokale.
Alle anderen Buchstaben im Abc heißen **Konsonanten** (Mitlaute).

Wal Eimer Tomate

Du kannst Wörter in **Silben** sprechen.
Manche Wörter haben nur eine Silbe.
In jeder Silbe ist **ein** Vokal.

Es gibt **offene** und **geschlossene Silben**.

Eule Auto Eimer
malen lesen toben

Du schwingst das Wort.
Am Ende der Silbe steht ein Vokal.
Die Silbe ist **offen**.

Palme Tochter
rechnen melden

Du schwingst das Wort.
Am Ende der Silbe steht ein Konsonant.
Die Silbe ist **geschlossen**.

Silben helfen dir, **Doppelkonsonanten** zu erkennen.

Nüsse Mutter
Waffel fallen
schwimmen essen

Du schwingst das Wort.
Die erste Silbe ist geschlossen. Du hörst den Konsonanten in beiden Silben.

Wortarten

das Glas
die Gläser
das kleine Glas

die Blume
die Blumen
die kleine Blume

der Opa
die Opas
der kleine Opa

der Wal
die Wale
der kleine Wal

Nomen

Wörter für Menschen, Tiere, Pflanzen und Dinge heißen **Nomen**.
Nomen schreibst du **groß**.

<u>So erkennst du ein Nomen:</u>
Du kannst meistens die **Einzahl** und die **Mehrzahl** bilden.

Du kannst einen **Artikel** vor das Nomen setzen.

Zwischen Artikel und Nomen passt ein **Schiebewort** (Adjektiv).

Nomen kannst du **zusammensetzen**.
Zusammengesetzte Nomen benennen etwas genauer.
Luft + Matratze = Luftmatratze

der Strand – **ein** Strand
die Brille – **eine** Brille
das Meer – **ein** Meer

Artikel

Artikel (Begleiter) können vor einem Nomen stehen.

- **bestimmte** Artikel: **der**, **die**, **das**
- **unbestimmte** Artikel: **ein**, **eine**

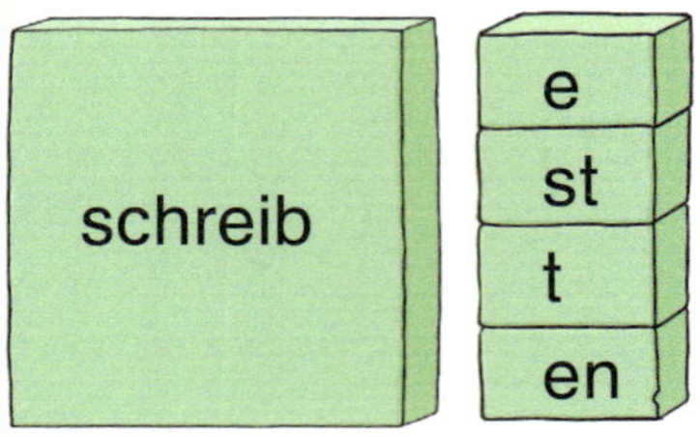

helfen:

Ich helfe Bu.

Kari hilft mir.

Verb

Verben drücken aus, **was jemand tut** oder **was geschieht**.

<u>So erkennst du ein Verb:</u>
Verben verändern sich im Satz. Sie stehen in verschiedenen **Personalformen**. Es kommt darauf an, wer etwas tut.

Die **Grundform** eines Verbs ist wie das Verb in der Wir-Form.

Ein Verb hat einen **Wortstamm** und eine **Endung**. Der Wortstamm ändert sich in manchen Verben.

Wie ist Kari?
Kari ist **groß**.

Wie ist Bu?
Bu ist **klein**.

der **große** Kari –
der **kleine** Bu
groß – **klein**

Adjektiv

Adjektive sagen, **wie** etwas oder jemand ist.

<u>So erkennst du ein Adjektiv:</u>
Mit Adjektiven kannst du etwas oder jemanden **genauer beschreiben**.

Zu vielen Adjektiven kannst du den **Gegensatz** finden.

vor

auf

neben

unter

Präposition

Präpositionen beschreiben, ...
- **wo** etwas oder jemand ist.
- **wohin** sich etwas oder jemand bewegt.

Wortfamilie

Wörter mit demselben **Wortstamm** gehören zu einer **Wortfamilie**.
Der Wortstamm ist ein **Wortbaustein**.

Wortfeld **gehen**

gehen

rennen

schleichen

wandern

Wortfeld

Wörter, die eine ähnliche Bedeutung haben, gehören zu einem **Wortfeld**.
Wörter aus einem Wortfeld helfen dir, einen Text spannender zu schreiben.
So verwendest du verschiedene Wörter.

Heute spielt Kari mit Bu.

Wo ist Bu?

Da bist du ja!

Satz

Mit Wörtern kannst du einen **Satz** bilden.
Den Satzanfang schreibst du **groß**.

Es gibt verschiedene **Satzarten** und **Satzschlusszeichen**:
Am Ende eines **Aussagesatzes** steht ein **Punkt**.
Am Ende eines **Fragesatzes** steht ein **Fragezeichen**.
Am Ende eines **Ausrufesatzes** steht ein **Ausrufezeichen**.

A a

der **Aal**, die Aale
ab
der **Abend**, die Abende
aber
der **Affe**, die Affen
alle
also
am
die **Ameise**, die Ameisen
an
die **Ananas**, die Ananas
der **Anspitzer**, die Anspitzer
der **Apfel**, die Äpfel
der **Ast**, die Äste
aufräumen, er räumt auf
das **Auto**, die Autos
die **Axt**, die Äxte

B b

das **Baby**, die Babys
der **Bach**, die Bäche
backen, sie backt
der **Bäcker**, die Bäcker
die **Bäckerei**, die Bäckereien
die **Bäckerin**, die Bäckerinnen
bald
der **Ball**, die Bälle
die **Banane**, die Bananen
die **Bank**, die Bänke
bauen, sie baut
der **Baum**, die Bäume
die **Beere**, die Beeren
das **Beet**, die Beete
beginnen, es beginnt
das **Bein**, die Beine
beißen, er beißt
bekommen, sie bekommt
bellen, es bellt
der **Berg**, die Berge
der **Besen**, die Besen
das **Bett**, die Betten
die **Beule**, die Beulen
bewässern, er bewässert
bewegen, sie bewegt
biegen, es biegt
die **Biene**, die Bienen
das **Bild**, die Bilder
die **Birne**, die Birnen
das **Blatt**, die Blätter
blau
bleiben, sie bleibt
blind
der **Blitz**, die Blitze
blond
die **Blume**, die Blumen
die **Bluse**, die Blusen
das **Board**, die Boards
das **Boot**, die Boote
böse
der **Boxer**, die Boxer
die **Boxerin**, die Boxerinnen
brennen, es brennt
die **Brezel**, die Brezeln
der **Brief**, die Briefe
die **Brille**, die Brillen
das **Brot**, die Brote
der **Bruder**, die Brüder
das **Buch**, die Bücher
der **Bügel**, die Bügel
bunt

der **Buntspecht**, die Buntspechte
die **Burg**, die Burgen
die **Butter**

Cc

das **Camping**
der **Cent**, die Cents
der **Chip**, die Chips
der **Clown**, die Clowns
die **Cola**, die Colas
der **Comic**, die Comics
der **Computer**, die Computer
der **Container**, die Container
die **Cornflakes**
die **Couch**, die Couches
der **Cowboy**, die Cowboys
die **Creme**, die Cremes
die **Currywurst**, die Currywürste

Dd

dann
der **Daumen**, die Daumen
denken, er denkt
der **Dieb**, die Diebe
die **Diebin**, die Diebinnen
diese, dieser, dieses
doof
die **Dose**, die Dosen
der **Drache**, die Drachen
der **Drucker**, die Drucker
der **Dschungel**, die Dschungel
dünn

Ee

das **Ei**, die Eier
der **Eimer**, die Eimer
das **Eis**
der **Elefant**, die Elefanten
das **Ende**, die Enden
die **Ente**, die Enten
die **Erbse**, die Erbsen
die **Erdbeere**, die Erdbeeren
die **Erkältung**, die Erkältungen
der **Esel**, die Esel
essen, er isst
die **Eule**, die Eulen
der **Euro**, die Euros
der **Experte**, die Experten
die **Expertin**, die Expertinnen

Ff

die **Fabrik**, die Fabriken
fallen, sie fällt
fälschen, es fälscht
die **Familie**, die Familien
der **Fan**, die Fans
fangen, er fängt
die **Feder**, die Federn
die **Fee**, die Feen
die **Feier**, die Feiern
feiern, sie feiert
das **Feld**, die Felder
das **Fenster**, die Fenster
fernsehen, sie sieht fern
das **Feuer**, die Feuer
das **Fieber**
der **Film**, die Filme

der **Finger**, die Finger
der **Fisch**, die Fische
die **Flasche**, die Flaschen
flattern, es flattert
fleißig
die **Fliege**, die Fliegen
fliegen, sie fliegt
fließen, er fließt
das **Floß**, die Flöße
die **Flöte**, die Flöten
der **Flug**, die Flüge
der **Fluss**, die Flüsse
das **Foto**, die Fotos
fragen, sie fragt
fremd
das **Fremdwort**, die Fremdwörter
der **Freund**, die Freunde
die **Freundin**, die Freundinnen
frieren, es friert
die **Frucht**, die Früchte
füllen, er füllt
für
der **Fuß**, die Füße
das **Futter**, die Futter

Gg

die **Gabel**, die Gabeln
der **Garten**, die Gärten
der **Gärtner**, die Gärtner
die **Gärtnerin**, die Gärtnerinnen
das **Gebirge**, die Gebirge
gelb
das **Gemälde**, die Gemälde
das **Geschenk**, die Geschenke
gesund
das **Gewitter**, die Gewitter
gießen, er gießt
der **Gletscher**, die Gletscher
die **Glocke**, die Glocken
grob
groß
größer
der **Gruß**, die Grüße
grüßen, sie grüßt
der **Gummi**, die Gummis
die **Gurke**, die Gurken

Hh

das **Haar**, die Haare
halb
halten, es hält
der **Hammer**, die Hammer
der **Hamster**, die Hamster
die **Hand**, die Hände
das **Handy**, die Handys
der **Hase**, die Hasen
der **Haufen**, die Haufen
das **Haus**, die Häuser
heben, er hebt
heißen, sie heißt
heizen, er heizt
der **Helm**, die Helme
das **Hemd**, die Hemden
der **Herbst**, die Herbste
der **Herd**, die Herde
die **Hexe**, die Hexen
das **Hobby**, die Hobbys
hoch
der **Hof**, die Höfe
hoffen, er hofft
holen, sie holt
hören, es hört

die **Hose**, die Hosen
der **Hund**, die Hunde
hupen, er hupt
das **Hupkonzert**, die Hupkonzerte
der **Hut**, die Hüte

I i

die **Idee**, die Ideen
der **Igel**, die Igel
im
immer
der **Inliner**, die Inliner
die **Insel**, die Inseln

J j

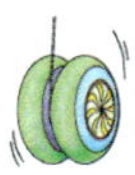

die **Jacke**, die Jacken
jagen, sie jagt
die **Jeans**, die Jeans
jetzt
jung
der **Junge**, die Jungen

K k

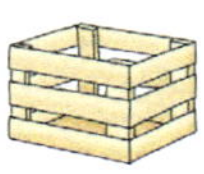

das **Kabel**, die Kabel
der **Kalender**, die Kalender
kalt
die **Karotte**, die Karotten
die **Kartoffel**, die Kartoffeln
der **Käse**, die Käse
der **Kasten**, die Kästen
die **Katze**, die Katzen
kaufen, es kauft
kennen, er kennt
der **Kies**, die Kiese
das **Kind**, die Kinder
kippen, sie kippt
die **Kirsche**, die Kirschen
das **Kissen**, die Kissen
die **Kiste**, die Kisten
die **Klasse**, die Klassen
das **Klavier**, die Klaviere
kleben, es klebt
der **Klee**
das **Kleid**, die Kleider
klein
klettern, es klettert
der **Kloß**, die Klöße
klug
das **Knie**, die Knie
der **Knopf**, die Knöpfe
knurren, es knurrt
kochen, er kocht
kommen, sie kommt
der **König**, die Könige
können, es kann
der **Kopf**, die Köpfe
der **Korb**, die Körbe
der **Körper**, die Körper
krabbeln, er krabbelt
kräftig
krank
kratzen, sie kratzt
das **Kraut**, die Kräuter
kriegen, es kriegt
der **Krug**, die Krüge
die **Küche**, die Küchen
der **Kuchen**, die Kuchen
der **Kürbis**, die Kürbisse
die **Kurve**, die Kurven
kurz

Ll

lachen, er lacht
laden, sie lädt
das **Lama**, die Lamas
die **Lampe**, die Lampen
laufen, es läuft
laut
leben, es lebt
lecken, er leckt
lecker
leer
legen, sie legt
der **Lehrer**, die Lehrer
die **Lehrerin**, die Lehrerinnen
leise
die **Leiter**, die Leitern
lenken, es lenkt
der **Leopard**, die Leoparden
lernen, er lernt
leuchten, sie leuchtet
das **Lexikon**, die Lexika
das **Licht**, die Lichter
lieb
die **Liebe**, die Lieben
lieben, es liebt
das **Lied**, die Lieder
liegen, er liegt
die **Limonade**, die Limonaden
loben, sie lobt
der **Löffel**, die Löffel
das **Los**, die Lose
der **Löwe**, die Löwen
lügen, er lügt
die **Lupe**, die Lupen
lustig

Mm

das **Mädchen**, die Mädchen
malen, es malt
der **Maler**, die Maler
die **Malerin**, die Malerinnen
der **Mann**, die Männer
die **Matte**, die Matten
die **Mauer**, die Mauern
die **Maus**, die Mäuse
das **Meer**, die Meere
meinen, er meint
die **Melone**, die Melonen
der **Mensch**, die Menschen
merken, sie merkt
das **Messer**, die Messer
das **Mikroskop**, die Mikroskope
die **Milch**
mild
mit
der **Mixer**, die Mixer
der **Monat**, die Monate
der **Mond**, die Monde
das **Moor**, die Moore
das **Moos**, die Moose
das **Müsli**, die Müslis
die **Mütze**, die Mützen

Nn

nach
die **Nacht**, die Nächte
der **Napf**, die Näpfe
die **Nase**, die Nasen
nass
der **Nebel**, die Nebel

Rechtschreibhilfen verwenden:
mit der Wörterliste arbeiten

das **Netz**, die Netze
nichts
nie
die **Nixe**, die Nixen
die **Nudel**, die Nudeln

O o

ob
oder
das **Öl**, die Öle
die **Olive**, die Oliven
das **Olympia**
die **Oma**, die Omas
der **Onkel**, die Onkel
der **Opa**, die Opas

P p

das **Paar**, die Paare
das **Paddel**, die Paddel
das **Paket**, die Pakete
die **Palme**, die Palmen
der **Papagei**, die Papageien
das **Papier**, die Papiere
die **Party**, die Partys
das **Pferd**, die Pferde
das **Pflaster**, die Pflaster
die **Pflaume**, die Pflaumen
pflegen, sie pflegt
die **Pfote**, die Pfoten
picken, es pickt
piepen, er piept
der **Pilz**, die Pilze
der **Pinsel**, die Pinsel
das **Pony**, die Ponys
der **Pool**, die Pools
der **Pullover**, die Pullover
pumpen, sie pumpt
die **Puppe**, die Puppen
das **Puzzle**, die Puzzles
die **Pyramide**, die Pyramiden

Q q

quaken, es quakt
die **Qual**, die Qualen
quälen, er quält
die **Qualle**, die Quallen
der **Qualm**
der **Quark**
das **Quartett**, die Quartette
der **Quatsch**
quatschen, sie quatscht
die **Quelle**, die Quellen
quengeln, es quengelt
quieken, er quiekt
quietschen, sie quietscht

R r

das **Rad**, die Räder
radieren, es radiert
das **Radio**, die Radios
der **Rasen**, die Rasen
raten, er rät
die **Ratte**, die Ratten
der **Raum**, die Räume
räumen, sie räumt
die **Raupe**, die Raupen
das **Regal**, die Regale
das **Reh**, die Rehe

der **Reis**
die **Reise**, die Reisen
reiten, es reitet
der **Reiter**, die Reiter
die **Reiterin**, die Reiterinnen
rennen, er rennt
retten, sie rettet
riechen, es riecht
der **Riegel**, die Riegel
der **Riese**, die Riesen
das **Rind**, die Rinder
der **Roboter**, die Roboter
rollen, er rollt
der **Roller**, die Roller
die **Rose**, die Rosen
das **Ruder**, die Ruder
rufen, sie ruft
rund
die **Rutsche**, die Rutschen

Ss

der **Saft**, die Säfte
sagen, sie sagt
der **Salat**, die Salate
das **Salz**, die Salze
sauber
saugen, es saugt
der **Säugling**, die Säuglinge
der **Saugnapf**, die Saugnäpfe
sausen, er saust
das **Schaf**, die Schafe
schaffen, sie schafft
die **Schale**, die Schalen
schälen, es schält
die **Schatzkarte**, die Schatzkarten
die **Schatzkiste**, die Schatzkisten
die **Schaufel**, die Schaufeln
die **Schaukel**, die Schaukeln
der **Schaum**, die Schäume
schäumen, er schäumt
schenken, sie schenkt
die **Schere**, die Scheren
schieben, es schiebt
schief
schielt, er schielt
das **Schild**, die Schilder
die **Schildkröte**, die Schildkröten
der **Schinken**, die Schinken
der **Schirm**, die Schirme
schlafen, er schläft
schlagen, sie schlägt
die **Schlange**, die Schlangen
der **Schlauch**, die Schläuche
schließen, es schließt
schmollen, er schmollt
schmücken, sie schmückt
der **Schnabel**, die Schnäbel
der **Schnee**
schnitzen, es schnitzt
schon
schräg
das **Schrägdach**, die Schrägdächer
schreiben, er schreibt
das **Schreibheft**, die Schreibhefte
schummeln, sie schummelt
der **Schwan**, die Schwäne
schweben, es schwebt
das **Schwein**, die Schweine
die **Schwester**, die Schwestern
schwimmen, er schwimmt
der **See**, die Seen
die **Seife**, die Seifen
sein, es ist

der **Sessel**, die Sessel
das **Sieb**, die Siebe
sieben, sie siebt
siegen, es siegt
die **Silbe**, die Silben
sind
singen, er singt
sinken, sie sinkt
sitzen, es sitzt
der **Skater**, die Skater
die **Skaterin**, die Skaterinnen
die **Socke**, die Socken
sollen, er soll
die **Soße**, die Soßen
der **Spagat**, die Spagate
sparen, sie spart
der **Spaß**, die Späße
spazieren, es spaziert
der **Specht**, die Spechte
der **Speer**, die Speere
die **Speise**, die Speisen
der **Spiegel**, die Spiegel
das **Spiel**, die Spiele
spielen, er spielt
der **Spieler**, die Spieler
die **Spielerin**, die Spielerinnen
der **Spinat**
die **Spinne**, die Spinnen
der **Sport**
das **Spray**, die Sprays
sprechen, sie spricht
springen, es springt
die **Spritze**, die Spritzen
spritzen, er spritzt
spucken, sie spuckt
spuken, es spukt
spülen, er spült
spüren, sie spürt
der **Stab**, die Stäbe
die **Stabpuppe**, die Stabpuppen
die **Stange**, die Stangen
staunen, es staunt
steigen, er steigt
der **Stein**, die Steine
stellen, sie stellt
der **Stempel**, die Stempel
der **Stern**, die Sterne
der **Stiefel**, die Stiefel
der **Stiel**, die Stiele
der **Stift**, die Stifte
stinken, es stinkt
der **Stock**, die Stöcke
stolpern, er stolpert
stoppen, sie stoppt
stören, es stört
stoßen, er stößt
der **Strand**, die Strände
die **Straße**, die Straßen
der **Strauch**, die Sträucher
streicheln, sie streichelt
die **Stufe**, die Stufen
der **Stuhl**, die Stühle
die **Stunde**, die Stunden
der **Supermarkt**, die Supermärkte
der **Surfer**, die Surfer
die **Surferin**, die Surferinnen
süß

Tt

das **Tablet**, die Tablets
die **Tafel**, die Tafeln
der **Tag**, die Tage
täglich

die **Tante**, die Tanten
die **Tasche**, die Taschen
die **Tasse**, die Tassen
die **Tastatur**, die Tastaturen
taub
das **Taxi**, die Taxis
der **Teddy**, die Teddys
der **Tee**, die Tees
der **Teig**, die Teige
das **Telefon**, die Telefone
teuer
der **Text**, die Texte
das **Tier**, die Tiere
der **Timer**, die Timer
tippen, es tippt
der **Tisch**, die Tische
toben, er tobt
die **Toilette**, die Toiletten
die **Tomate**, die Tomaten
die **Tonne**, die Tonnen
das **Tor**, die Tore
tragen, sie trägt
das **Training**, die Trainings
die **Traube**, die Trauben
der **Traum**, die Träume
träumen, es träumt
trinken, er trinkt
der **Tropfen**, die Tropfen
trüb
das **T-Shirt**, die T-Shirts
die **Tür**, die Türen
der **Turm**, die Türme
die **Tüte**, die Tüten

Uu

üben, sie übt
über
das **Ufo**, die Ufos
der **Uhu**, die Uhus
und
der **Unfall**, die Unfälle
uns
unser
unter
das **Unterhemd**, die Unterhemden
der **Urlaub**, die Urlaube
der **Urwald**, die Urwälder

Vv

der **Vampir**, die Vampire
die **Vase**, die Vasen
der **Vater**, die Väter
das **Veilchen**, die Veilchen
die **Veranda**, die Veranden
das **Verb**, die Verben
verfolgen, es verfolgt
der **Verkäufer**, die Verkäufer
die **Verkäuferin**, die Verkäuferinnen
der **Versuch**, die Versuche
viel
vier
die **Villa**, die Villen
der **Vogel**, die Vögel
voll
von
vor
der **Vulkan**, die Vulkane

Ww 

die **Waage**, die Waagen
der **Wald**, die Wälder
die **Wand**, die Wände
wann
warm
waschen, er wäscht
das **Wasser**
weben, er webt
der **Wecker**, die Wecker
der **Weg**, die Wege
der **Wegweiser**, die Wegweiser
weiß
wenn
wer
das **Werkzeug**, die Werkzeuge
das **Wetter**
wie
wiegen, sie wiegt
die **Wiese**, die Wiesen
wild
der **Wind**, die Winde
die **Windel**, die Windeln
winken, es winkt
der **Winter**, die Winter
die **Wippe**, die Wippen
wippen, er wippt
wischen, sie wischt
die **Wolke**, die Wolken
der **Wunsch**, die Wünsche
der **Wurm**, die Würmer
die **Wurst**, die Würste
wütend

Xx 

das **Xylofon**, die Xylofone

Yy 

der **Yak**, die Yaks
der **Yeti**, die Yetis
das **Yoga**

Zz 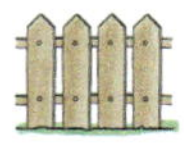

die **Zahl**, die Zahlen
zanken, es zankt
der **Zaun**, die Zäune
das **Zebra**, die Zebras
zeigen, er zeigt
die **Zeit**, die Zeiten
das **Zelt**, die Zelte
die **Ziege**, die Ziegen
das **Zimmer**, die Zimmer
die **Zitrone**, die Zitronen
der **Zoo**, die Zoos
der **Zug**, die Züge
der **Zweig**, die Zweige
der **Zwerg**, die Zwerge
die **Zwiebel**, die Zwiebeln
der **Zylinder**, die Zylinder

Kompetenzübersicht

Kapitel	Sprechen und Zuhören	Sprache untersuchen
Willkommen	**S. 4**: zu anderen sprechen: erzählen; verstehend zuhören: Hörtexte erfassen	**S. 5/6**: sprachliche Strukturen kennen, anwenden: Laute, Anlaute, Mehrgrapheme kennen, anwenden; Wörter in Silben gliedern; Vokale markieren; Rechtschreibstrategien anwenden: Mitsprechen
In der Schule	**S. 8/9**: zu anderen sprechen: erzählen; verstehend zuhören: Hörtexte erfassen; mit anderen sprechen: Gespräche führen; Gesprächsregeln entwickeln, beachten	**S. 10/11**: sprachliche Strukturen kennen, anwenden: Wörter in Silben gliedern; Vokale, Diphthonge, Umlaute markieren; offene/geschlossene Silben kennen, anwenden; Rechtschreibstrategien anwenden: Mitsprechen
Gesund und fit	**S. 18/19**: zu anderen sprechen: informieren; verstehend zuhören: Hörtexte erfassen; Informationen wiedergeben; Schlussfolgerungen ziehen	**S. 20/21**: sprachliche Begriffe kennen, anwenden: Nomen (Substantiv) kennen; Nomen (Konkreta) in Kategorien ordnen; bestimmten Artikel kennen, zuordnen; Rechtschreibstrategien anwenden: Nomen großschreiben
Draußen unterwegs	**S. 28/29**: zu anderen sprechen: von Erlebnissen erzählen; Geschichte weitererzählen; vor anderen sprechen: Ideen präsentieren; mit anderen sprechen: Rückmeldung geben; verstehend zuhören: Hörtexte erfassen; über Lernen sprechen: Beobachtungen wiedergeben	**S. 30/31**: sprachliche Begriffe kennen, anwenden: Vokale und Konsonanten im Abc unterscheiden; Einzahl (Singular) und Mehrzahl (Plural) kennen; sprachliche Strukturen anwenden: Wörter ordnen (Alphabet)
Technik und Basteln	**S. 38/39**: mit anderen sprechen: Gespräche führen; gezielt nachfragen; Befragung durchführen; Fragewörter (W-Fragen) nutzen; Beobachtungen wiedergeben; verstehend zuhören: Hörtexte/Gespräche erfassen	**S. 40/41**: sprachliche Begriffe/Strukturen kennen, anwenden: Satzarten kennen (Aussagesatz, Fragesatz, Ausrufesatz); Satzschlusszeichen kennen, nutzen (Punkt, Fragezeichen, Ausrufezeichen)
Gemeinsam leben	**S. 48/49**: zu anderen sprechen: erzählen; mit anderen sprechen: über Gefühle/Streit sprechen; vor anderen sprechen: Gefühle darstellen; szenisch spielen; verstehend zuhören: Hörtexte/Gespräche erfassen; paraverbale, noverbale Äußerungen beachten	**S. 50/51**: sprachliche Begriffe/Strukturen kennen, anwenden: bestimmten/unbestimmten Artikel (Begleiter) kennen, unterscheiden; Wortbausteine (Wortstamm) identifizieren; Möglichkeiten der Wortbildung untersuchen (Wortfamilie)
Abenteuer und Fantasie	**S. 58/59**: zu anderen sprechen: erzählen; situations-/adressatengerecht sprechen; Erzählstrukturen kennen, umsetzen (Reihenfolge); verstehend zuhören: Hörtexte/Gespräche erfassen; vor anderen sprechen: mit Gliederung (roter Faden) Geschichten erzählen	**S. 60/61**: sprachliche Begriffe kennen, anwenden: Verben kennen; sprachliche Strukturen kennen, anwenden: Personalformen von Verben (regelmäßig) kennen; Möglichkeiten der Wortbildung kennen (Wortbausteine)
In der Tierwelt	**S. 68/69**: zu anderen sprechen: erzählen, genau beschreiben; verstehend zuhören: Hörtexte/Informationen erfassen, Schlussfolgerungen ziehen; vor anderen sprechen: mit Stichworten ein Tier vorstellen; Informationen strukturieren (Oberbegriffe); Fachbegriffe nutzen	**S. 70/71**: sprachliche Begriffe/Strukturen kennen, anwenden: Adjektive und Gegensätze kennen
Zeit zum Lesen	**S. 78/79**: zu anderen sprechen: erzählen; informieren; Bücher vorstellen; verstehend zuhören: Rückmeldung geben	**S. 80/81**: sprachliche Strukturen kennen, anwenden: Wortfamilien, Wortstammänderung kennen; Vorsilben kennen; Möglichkeiten der Wortbildung nutzen (Wortfamilie, Vorsilben)
Spiel und Spaß	**S. 88/89**: zu anderen sprechen: ein Bild beschreiben; von eigenen Erlebnissen berichten; verstehend zuhören: Hörtexte erfassen; gezielt nachfragen; Gesprächsbeiträge verfolgen, verstehen; reflektieren	**S. 90/91**: sprachliche Strukturen kennen, anwenden: Wortarten unterscheiden: Nomen (Substantive), Verben, Adjektive; sprachliche Begriffe kennen, anwenden: Präpositionen kennen, nutzen
Medien entdecken	**S. 98/99**: zu anderen sprechen: erzählen, erklären, informieren; verstehend zuhören: Hörtexte erfassen; gezielt nachfragen	**S. 100/101**: sprachliche Strukturen kennen, anwenden: zusammengesetzte Nomen (Substantive) kennen, nutzen; Möglichkeiten der Wortbildung kennen, nutzen
Auf Weltreise	**S. 98/99**: zu anderen sprechen: erzählen; Gemeinsamkeite und Unterschiede von Sprachen/Dialekten untersuchen	**S. 110/111**: sprachliche Strukturen kennen, anwenden: Verkleinerungsform von Nomen kennen, nutzen; Möglichkeiten der Wortbildung kennen; Satzglieder kennen; experimentell/kreativ mit Sprache umgehen
Durch das Jahr	**S. 120**: vor anderen sprechen: Gedicht vortragen; Redeweise (Hervorhebung) adressaten-, situationsgerecht wählen; **S. 121**: vor anderen sprechen: szenisch spielen; Texte erschließen: Gedanken zu Texten formulieren; Perspektive literarischer Figur einnehmen; **S. 122**: zu anderen sprechen: nach Anregung Geschichte erzählen; Rückmeldung geben; Texte erschließen: Gedanken zu Texten formulieren; **S. 125**: zu anderen sprechen: von Festen erzählen	**S. 119**: sprachliche Strukturen kennen, anwenden: experimentell/kreativ mit Sprache umgehen;

Richtig schreiben	Texte verfassen	Digitale Kompetenzen
S. 7: Arbeitstechniken kennen, anwenden: Abschreibtechnik nutzen; rechtschriftliche Kenntnisse anwenden: Wortgrenzen erkennen		
S. 12/13: rechtschriftliche Kenntnisse anwenden: Wörter mit -e, -el, -en, -er schreiben; Rechtschreibstrategien anwenden: Mitsprechen; **S. 16**: Funktionswörter schreiben; Arbeitstechnik: Rechtschreibgespräch	**S. 14/15**: Texte planen: Klassenregeln entwickeln; Texte schreiben: nach Mustern schreiben (Klassenregeln); Arbeitstechniken anwenden: Abschreibtechnik; Texte überarbeiten: rechtschriftliche Kriterien; präsentieren	**S. 15**: Texte für die Veröffentlichung aufbereiten; präsentieren
S. 22/23: rechtschriftliche Kenntnisse anwenden: Nomen (Konkreta) erkennen; Wörter mit Mehrgrophemen schreiben; Rechtschreibstrategien anwenden: Großschreibung; Mitsprechen; **S. 26**: Funktionswörter schreiben; Arbeitstechnik: Rechtschreibgespräch	**S. 24/25**: Texte planen/schreiben: Ich-Text nach Mustern schreiben; Akrostichon nach Mustern schreiben; Texte überarbeiten: Ich-Text für die Veröffentlichung aufbereiten, präsentieren	
S. 32/33: rechtschriftliche Kenntnisse anwenden: Wörter mit Doppelkonsonanz schreiben, offene/geschlossene Silbe kennen; Wörter mit ie (offene Silbe) schreiben; Rechtschreibstrategien anwenden: Mitsprechen; **S. 36**: Funktionswörter schreiben; Arbeitstechnik: Rechtschreibgespräch	**S. 34/35**: Texte planen/schreiben: Abc-Liste nach Mustern schreiben; Geschichte fortsetzen; Texte überarbeiten: Inhalt überprüfen; Rückmeldung geben; Leserunde durchführen	
S. 42/43: rechtschriftliche Kenntnisse anwenden: Satzanfänge großschreiben Wörter mit ß/s (silbeninitial) schreiben; Rechtschreibstrategien anwenden: Mitsprechen; **S. 46**: Funktionswörter schreiben; Arbeitstechnik: Rechtschreibgespräch	**S. 44/45**: Texte planen: Wörtersammlung; Texte schreiben: nach Muster Rätsel schreiben; Texte überarbeiten: Kriterien eines Rätsels überprüfen (Reihenfolge); rechtschriftliche Kriterien überprüfen; Leserunde durchführen	**S. 39**: Befragung durchführen/aufnehmen
S. 52/53: rechtschriftliche Kenntnisse anwenden: Nomen mit Auslautverhärtung (t/d, k/g, p/b) schreiben; Rechtschreibstrategien anwenden: Weiterschwingen; **S. 56**: Funktionswörter schreiben; Arbeitstechnik: Rechtschreibgespräch	**S. 54/55**: Texte planen: Textmuster erschließen (Einladung); Schreibabsicht, Textfunktion klären; Texte schreiben: Einladung adressatengerecht, kriteriengeleitet schreiben; Texte überarbeiten: textsortenspezifische Kriterien nutzen; Leserunde durchführen	
S. 62/63: rechtschriftliche Kenntnisse anwenden: Wörter mit ck, tz schreiben; Verben mit Doppelkonsonanz schreiben; Rechtschreibstrategien anwenden: Weiterschwingen; Mitsprechen; **S. 66**: Funktionswörter schreiben; Arbeitstechnik: Rechtschreibgespräch	**S. 64/65**: Texte planen: Schreibideen nutzen; Gliederung anfertigen (roter Faden); Texte schreiben: nach Anregungen eigene Texte schreiben; eine Geschichte fortsetzen; Texte überarbeiten: Rückmeldungen für die Überarbeitung nutzen (Leserunde)	
S. 72/73: rechtschriftliche Kenntnisse anwenden: Adjektive mit Auslautverhärtung schreiben; Wörter mit ie (geschlossene Silbe) schreiben; Rechtschreibstrategien anwenden: Weiterschwingen; **S. 76**: Funktionswörter schreiben; Arbeitstechnik: Rechtschreibgespräch	**S. 74/75**: Texte planen: Informationen nach Oberbegriffen strukturieren; Stichworte schreiben; Textfunktion klären; Texte schreiben: Steckbrief schreiben, präsentieren, für die Veröffentlichung aufbereiten; Texte überarbeiten: Text an Schreibaufgabe überprüfen	**S. 69/75**: recherchieren
S. 82/83: rechtschriftliche Kenntnisse anwenden: Wörter mit ä, äu schreiben, verwandte Wörter finden; Rechtschreibstrategien anwenden: Ableiten; **S. 86**: Funktionswörter schreiben; Arbeitstechnik: Rechtschreibgespräch	**S. 84/85**: Texte planen: Ideen entwickeln; Inhalte strukturieren (Schreibplan); Texte schreiben: auf Basis von Schreibimpulsen eigenen Text schreiben; Gedanken, Gefühle ausdrücken; Texte überarbeiten: Leserunde durchführen	**S. 78/79**: mit Medien umgehen: von Lese-/Medienerfahrungen berichten; mediale Formen auf Basis von Interessen auswählen
S. 92/93: rechtschriftliche Kenntnisse anwenden: Verben mit Inlautverhärtung (k/g, p/b) schreiben; Rechtschreibstrategien anwenden: Weiterschwingen; **S. 96**: Funktionswörter schreiben; Arbeitstechnik: Rechtschreibgespräch	**S. 94/95**: Texte planen: Ideen entwickeln; Inhalte strukturieren (Schreibplan); Texte schreiben: auf Basis von Schreibimpulsen Text schreiben; Texte überarbeiten: Leserunde; sprachliche Gestaltung (Wortfelder); Wörter sammeln	
S. 102/103: rechtschriftliche Kenntnisse anwenden: Wörter mit V/v schreiben; Wörter mit Doppelvokalen schreiben; Rechtschreibhilfen nutzen: mit der Wörterliste arbeiten; Rechtschreibstrategien anwenden: Merken; **S. 106**: Funktionswörter schreiben; Arbeitstechnik: Rechtschreibgespräch	**S. 104/105**: Texte schreiben: digitale Textgestaltung (Schreibprogramm) kennen und nutzen	**S. 98/99/104/105**: mit Medien umgehen: über Medienerfahrung berichten; digitale Textgestaltung (Tastatur, Schreibprogramm) kennen; Mediennutzung reflektieren
S. 112/113: rechtschriftliche Kenntnisse anwenden: Wörter mit X/x, Y/y, Fremdwörter schreiben; Rechtschreibhilfen nutzen: mit der Wörterliste arbeiten; Rechtschreibstrategien anwenden: Merken; **S. 116**: Funktionswörter schreiben; Arbeitstechnik: Rechtschreibgespräch	**S. 114/115**: Texte planen: Schreibabsicht, Schreibsituation, Textfunktion klären; Textmuster erschließen (Postkarte, E-Mail); Texte schreiben: adressatengerecht, kriteriengeleitet eine Postkarte schreiben	**S. 115**: über Schreibfertigkeiten verfügen: E-Mail-Programm als Schreibwerkzeug nutzen
	S. 118: über Schreibfertigkeiten verfügen: Texte mit Schrift gestalten; **S. 119**: Texte planen/schreiben: Sprechtaculum nach Mustern schreiben; **S. 123**: Texte planen: Schreibabsicht, Schreibsituation klären; Textmuster erschließen (Brief); Texte schreiben: adressatengerecht, kritereingeleitet Briefe schreiben; **S. 124**: Texte planen: Ideen, sprachliche Mittel sammeln; Texte schreiben: Elfchen nach Muster schreiben; **S. 125**: Texte planen/schreiben: Informationen strukturieren (Oberbegriffe); Steckbrief nach Muster schreiben	**S. 119**: Text mit Schreibprogramm gestalten; **S. 125**: recherchieren

Bild- und Textquellenverzeichnis

Bildquellenverzeichnis

|Alamy Stock Photo, Abingdon/Oxfordshire: SD 15.4. |Alamy Stock Photo (RMB), Abingdon/Oxfordshire: Kuttig - Travel 114.4. |arsEdition GmbH, München: Barbara Rose, Post für den Osterhasen; Illustrationen von Dorothea Ackroyd © 2014 arsEdition GmbH, München 122.3, 122.4; Barbara Rose, Post für den Osterhasen; Illustrationen von Dorothea Ackroyd © 2014 122.1, 122.2, 123.2. |Beltz & Gelberg in der Verlagsgruppe Beltz, Weinheim: Anaïs Vaugelade, Steinsuppe. Übersetzt aus dem Französischen von Tobias Scheffel. 2019 121.1. |Berghahn, Matthias, Bielefeld: 49.1, 49.2, 49.3, 50.1, 51.1, 52.1, 53.1, 54.1, 54.2, 55.1, 55.2. |Ciecimirski, Michael, Braunschweig: 28.1, 29.1, 30.1, 30.2, 30.3, 30.4, 30.5, 30.6, 30.7, 30.8, 30.9, 30.10, 30.11, 30.12, 30.13, 30.14, 32.1, 32.2, 34.1, 34.2, 35.1, 35.2, 38.1, 38.2, 38.3, 38.4, 39.1, 40.1, 40.2, 40.3, 41.1, 42.3, 44.1, 44.2, 44.3, 44.4, 44.5, 45.2, 45.4, 58.1, 58.2, 58.3, 58.4, 58.5, 58.6, 58.7, 59.1, 59.2, 59.4, 60.1, 60.2, 61.2, 61.3, 61.4, 62.1, 63.1, 63.2, 64.1, 64.2, 64.3, 64.4, 64.5, 64.6, 64.7, 64.8, 64.9, 64.10, 64.11, 64.12, 64.13, 64.14, 64.15, 64.16, 64.17, 65.2, 84.1, 84.3, 84.4, 84.5, 88.1, 88.2, 89.1, 89.2, 91.1, 92.1, 92.2, 94.2, 94.3, 95.1, 98.1, 99.1, 99.5, 99.6, 100.1, 100.2, 100.3, 100.4, 102.1, 103.1, 103.2, 103.3, 103.6, 104.3, 105.1, 105.2, 105.3, 105.4, 105.5, 105.6, 105.7, 105.8, 108.1, 108.2, 108.3, 109.1, 109.2, 109.3, 109.4, 109.5, 109.6, 109.7, 109.8, 109.9, 109.10, 110.2, 111.2, 112.3, 114.1, 114.7, 115.1, 138.2, 138.3. |Colourbox.com, Odense: Kovalev, Vasily 124.6. |Doering, Svenja, Köln: Titel, Titel, 3.1, 4.1, 5.3, 6.1, 6.2, 6.10, 7.1, 7.2, 7.3, 7.4, 8.2, 8.3, 9.2, 9.3, 10.1, 10.2, 10.3, 10.4, 10.5, 10.6, 10.7, 10.8, 10.9, 10.10, 10.11, 10.12, 11.2, 11.3, 13.1, 13.23, 14.1, 14.2, 15.5, 15.6, 16.1, 16.2, 17.24, 18.2, 18.3, 22.2, 22.3, 22.4, 22.5, 22.6, 23.1, 23.10, 24.1, 24.2, 24.3, 24.4, 24.5, 24.6, 24.7, 24.8, 24.9, 26.1, 26.2, 27.1, 29.2, 30.15, 33.1, 34.3, 35.3, 36.1, 36.2, 37.1, 39.2, 41.2, 42.1, 42.2, 43.1, 43.10, 44.6, 44.7, 45.1, 45.3, 46.1, 46.2, 47.1, 47.2, 48.1, 48.2, 48.3, 48.4, 49.4, 49.5, 51.2, 53.6, 54.3, 54.4, 55.3, 56.1, 56.2, 57.1, 59.3, 60.3, 61.1, 61.5, 62.16, 63.3, 65.1, 66.1, 66.2, 67.1, 67.2, 68.2, 68.3, 69.2, 69.3, 69.4, 70.5, 71.2, 73.1, 75.2, 75.4, 76.1, 77.3, 77.8, 78.3, 78.6, 80.1, 81.3, 83.3, 83.4, 85.3, 86.11, 86.12, 87.1, 87.4, 89.3, 90.1, 90.2, 91.2, 91.3, 92.3, 93.1, 94.1, 95.2, 96.1, 96.2, 97.1, 100.5, 100.6, 102.8, 103.4, 103.5, 104.1, 105.9, 105.10, 105.11, 106.1, 106.2, 107.1, 110.1, 110.3, 111.1, 112.17, 113.1, 113.2, 114.2, 115.2, 115.3, 116.1, 116.2, 117.1, 117.8, 118.1, 118.2, 118.3, 118.4, 118.5, 119.1, 119.2, 119.3, 119.4, 120.1, 121.2, 121.3, 121.4, 121.5, 121.6, 121.7, 121.8, 121.9, 122.5, 123.1, 123.3, 123.4, 123.5, 124.1, 124.2, 124.3, 125.1, 125.2, 125.3, 125.4, 125.5, 130.1, 130.2, 130.4, 131.1, 131.2, 131.3, 131.4, 133.1, 135.1, 136.1, 136.2, 136.3, 136.4, 137.1, 137.2, 137.3, 138.1, 138.4, 138.5, 138.6, 138.7, 138.8, 138.9, 138.10, 139.1, 139.2, 139.3, 139.4, 139.5, 139.6, 154.1. |fotolia.com, New York: Gojda, Lukas 124.4; zuzule 69.1. |Fuhrmann, Gisela, Hannover: 5.1, 5.2. |Getty Images (RF), München: Cioata, Stefan Cristian 124.7. |Godewind, Hamburg: 1.1, 1.2, 1.3, 79.1, 82.1, 82.7, 83.1, 86.1, 86.2, 86.3, 86.4, 86.5, 86.6, 86.7, 86.8, 86.9, 86.10, 87.3, 129.5, 130.3, 154.3, 155.1. |iStockphoto.com, Calgary: Baur, Barish 114.6. |Jungkeit, Gaby, Hofheim: 8.1, 8.4, 8.5, 8.6, 9.1, 9.4, 9.5, 9.6, 11.1, 12.1, 13.7, 18.1, 19.1, 19.2, 19.3, 19.4, 19.5, 19.6, 20.1, 20.2, 20.3, 20.4, 21.1, 22.1, 25.1, 25.2, 25.3, 25.4, 25.5, 25.6, 25.7, 68.1, 68.4, 68.5, 68.6, 68.7, 68.8, 68.9, 70.1, 70.2, 70.3, 70.4, 70.6, 70.7, 71.1, 71.3, 71.4, 71.5, 72.1, 75.1, 75.3, 78.1, 78.2, 78.4, 78.5, 78.7, 79.6, 79.7, 81.1, 81.2, 82.2, 82.3, 82.4, 82.5, 82.6, 83.2, 84.2, 85.1, 85.2, 87.2. |Lang, Steffi, Grafenau: 104.2. |Loewe Verlag GmbH, Bindlach: Das magische Baumhaus - Abenteuer auf dem Mond 79.2. |OneGate Media GmbH, Hamburg: 99.4. |Penguin Random House Verlagsgruppe GmbH, München: Ingo Siegner: Der kleine Drache Kokosnuss im Weltraum, 2012, ISBN 978-3-8371-1288-7 79.5. |Picture-Alliance GmbH, Frankfurt a.M.: Pleul, Patrick 74.2. |Reimers, Silke, Mainz: 5.4, 5.5, 5.6, 5.7, 5.8, 5.9, 5.10, 5.11, 5.12, 5.13, 5.14, 5.15, 5.16, 5.17, 5.18, 5.19, 5.20, 5.21, 5.22, 5.23, 6.3, 6.4, 6.5, 6.6, 6.7, 6.8, 6.9, 6.11, 6.12, 6.13, 6.14, 6.15, 6.16, 6.17, 6.18, 6.19, 6.20, 6.21, 6.22, 6.23, 6.24, 6.25, 10.13, 10.14, 10.15, 10.16, 10.17, 10.18, 10.19, 10.20, 10.21, 10.22, 10.23, 10.24, 10.25, 10.26, 10.27, 10.28, 10.29, 10.30, 10.31, 10.32, 10.33, 10.34, 11.4, 11.5, 11.6, 11.7, 11.8, 11.9, 11.10, 12.2, 12.3, 12.4, 12.5, 12.6, 12.7, 12.8, 12.9, 12.10, 12.11, 12.12, 12.13, 12.14, 12.15, 12.16, 12.17, 12.18, 12.19, 12.20, 13.2, 13.3, 13.4, 13.5, 13.6, 13.8, 13.9, 13.10, 13.11, 13.12, 13.13, 13.14, 13.15, 13.16, 13.17, 13.18, 13.19, 13.20, 13.21, 13.22, 17.1, 17.2, 17.3, 17.4, 17.5, 17.6, 17.7, 17.8, 17.9, 17.10, 17.11, 17.12, 17.13, 17.14, 17.15, 17.16, 17.17, 17.18, 17.19, 17.20, 17.21, 17.22, 17.23, 17.25, 17.26, 17.27, 17.28, 17.29, 17.30, 17.31, 21.2, 21.3, 21.4, 21.5, 21.6, 21.7, 21.8, 22.7, 22.8, 22.9, 23.2, 23.3, 23.4, 23.5, 23.6, 23.7, 23.8, 23.9, 31.1, 31.2, 31.3, 31.4, 31.5, 31.6, 31.7, 31.8, 31.9, 32.3, 32.4, 32.5, 32.6, 32.7, 32.8, 32.9, 32.10, 33.2, 33.3, 33.4, 33.5, 33.6, 33.7, 33.8, 33.9, 33.10, 37.2, 37.3, 37.4, 37.5, 37.6, 37.7, 37.8, 37.9, 43.2, 43.3, 43.4, 43.5, 43.6, 43.7, 43.8, 43.9, 53.2, 53.3, 53.4, 53.5, 62.2, 62.3, 62.4, 62.5, 62.6, 62.7, 62.8, 62.9, 62.10, 62.11, 62.12, 62.13, 62.14, 62.15, 72.2, 72.3, 72.4, 72.5, 72.6, 72.7, 72.8, 72.9, 72.10, 73.2, 73.3, 73.4, 73.5, 73.6, 77.1, 77.2, 77.4, 77.5, 77.6, 77.7, 82.8, 82.9, 82.10, 82.11, 82.12, 82.13, 82.14, 82.15, 82.16, 82.17, 82.18, 101.1, 101.2, 101.3, 101.4, 101.5, 101.6, 101.7, 101.8, 102.2, 102.3, 102.4, 102.5, 102.6, 102.7, 107.2, 107.3, 107.4, 107.5, 107.6, 107.7, 107.8, 107.9, 112.1, 112.2, 112.4, 112.5, 112.6, 112.7, 112.8, 112.9, 112.10, 112.11, 112.12, 112.13, 112.14, 112.15, 112.16, 117.2, 117.3, 117.4, 117.5, 117.6, 117.7, 126.1, 126.2, 126.3, 126.4, 126.5, 126.6, 127.1, 127.2, 127.3, 127.4, 127.5, 127.6, 128.1, 128.2, 128.3, 128.4, 128.5, 128.6, 128.7, 128.8, 128.9, 129.1, 129.2, 129.3, 129.4, 129.6, 129.7, 129.8, 131.5, 131.6, 131.7, 131.8, 132.1, 132.2, 132.3, 132.4, 132.5, 132.6, 132.7, 132.8, 133.2, 133.3, 133.4, 133.5, 133.6, 133.7, 133.8, 133.9, 133.10, 133.11, 134.1, 134.2, 140.1, 140.2, 140.3, 141.1, 141.2, 141.3, 141.4, 141.5, 141.6, 142.1, 142.2, 143.1, 143.2, 143.3, 143.4, 144.1, 144.2, 144.3, 145.1, 145.2, 145.3, 145.4, 145.5, 146.1, 147.1, 148.1, 148.2, 148.3, 148.4, 149.1, 149.2, 149.3, 149.4, 154.2, 154.4, 154.5. |S. Fischer Verlag GmbH, Frankfurt/Main: Cornelia Funke: Das Monster vom blauen Planeten. Illustriert von: Barbara Scholz, 2012 79.4. |stock.adobe.com, Dublin: Elvira 74.1; New Africa 15.2, 15.3; Sbytova, Maria 124.5; Voytik, Evgeniy 114.5; Wagner, Frank 114.3. |Tauber, Andreas, Berlin: 15.1. |TESSLOFF VERLAG, Nürnberg: WAS IST WAS Entdecke den Weltraum, Copyright © 2020 TESSLOFF VERLAG, Nürnberg 79.3. |WDR mediagroup GmbH, Köln: (c) WDR / Melanie Grande 99.3. |©BR; in Lizenz der BRmedia Service GmbH, München: Checker Reportagen 99.2.

Textquellenverzeichnis

S. 118: Ferra-Mikura, Vera: Regenschirme. In: Bunt gefleckt, getupft, gescheckt. Jungbrunnen Verlag 2008, Wien; S. 120: Reinick, Robert: Der Schneemann. In: Lieder, Märchen u. Geschichten: Eine Auswahl f. d. Jugend. Volksbildungsverein 1928, Wiesbaden; S. 121: Vaugelade, Anaïs: Steinsuppe. Moritz Verlag 2000, Hölzern, Übersetzer: Tobias Scheffel.